ENGELS HEUTE

»Ich bin Marx'ens Adjutant.
Das Talent neben dem Genie.«

STARKER TOBAK
von Friedrich Engels

Neues Leben

Auswahl und Zusammenstellung:
Johannes Oehme

Die Zitatnachweise folgen generell der Marx-Engels-Werkausgabe (MEW) des Dietz-Verlags Berlin, 1956 ff. In Klammern stehen jeweils Band und Seite.

ISBN 3-355-01708-6

Rosa-Luxemburg-Str. 39, 10178 Berlin
Umschlagentwurf: ansichtssache – Büro für Gestaltung

Die Bücher des Verlags Neues Leben
erscheinen in der Eulenspiegel Verlagsgruppe.

www.verlag-neues-leben.de

Inhalt

Natur, Mensch, Geschichte

Die Arbeit ist die Quelle alles Reichtums, sagen die politischen Ökonomen. Sie ist dies – neben der Natur, die ihr den Stoff liefert, den sie in Reichtum verwandelt. Aber sie ist noch unendlich mehr als dies. Sie ist die erste Grundbedingung alles menschlichen Lebens, und zwar in einem solchen Grade, daß wir in gewissem Sinn sagen müssen: Sie hat den Menschen selbst geschaffen.

Dialektik der Natur – Anteil der Arbeit an der Menschwerdung des Affen (20, 453)

Wir haben die Gewißheit, daß die Materie in allen ihren Wandlungen ewig dieselbe bleibt, daß keins ihrer Attribute je verlorengehn kann, und daß sie daher auch mit derselben eisernen Notwendigkeit, womit sie auf der Erde ihre höchste Blüte, den denkenden Geist, wieder ausrotten wird, ihn anderswo und in andrer Zeit wieder erzeugen muß.

Dialektik der Natur – Einleitung (20, 327)

So ist die Hand nicht nur das Organ der Arbeit, sie ist auch ihr Produkt. Nur durch Arbeit, durch Anpassung an immer neue Verrichtungen, durch Vererbung der dadurch erworbenen besondern Ausbildung der Muskel, Bänder, und in längeren Zeiträumen auch der Knochen, und durch immer erneuerte Anwendung dieser vererbten Verfeinerung auf neue, stets verwickeltere Verrichtungen hat die Menschenhand jenen hohen Grad von Vollkommenheit erhalten, auf dem sie Raffaelsche Gemälde, Thorvaldsensche Statuen, Paganinische Musik hervorzaubern konnte.

Dialektik der Natur – Anteil der Arbeit an der Menschwerdung des Affen (20, 446)

Schmeicheln wir uns indes nicht zu sehr mit unsern menschlichen Siegen über die Natur. Für jeden solchen Sieg rächt sie sich an uns. Jeder hat in erster Linie zwar die Folgen, auf die wir gerechnet, aber in zweiter und dritter Linie hat er ganz andre, unvorhergesehene Wirkungen, die nur zu oft jene ersten Folgen wieder aufheben. ... Und so werden wir bei jedem Schritt daran erinnert, daß wir keineswegs die Natur beherrschen, wie ein Eroberer ein fremdes Volk beherrscht, wie jemand, der außer der Natur steht – sondern daß wir mit Fleisch und Blut und Hirn ihr angehören und mitten in ihr stehn, und daß unsre ganze Herrschaft über sie darin besteht, im Vorzug vor allen andern Geschöpfen ihre Gesetze erkennen und richtig anwenden zu können.

Dialektik der Natur – Anteil der Arbeit an der Menschwerdung des Affen (20, 453)

Arbeit zuerst, nach und dann mit ihr die Sprache – das sind die beiden wesentlichsten Antriebe, unter deren Einfluß das Gehirn eines Affen in das bei aller Ähnlichkeit weit größere und vollkommenere eines Menschen allmählich übergegangen ist. Mit der Fortbildung des Gehirns aber ging Hand in Hand die Fortbildung seiner nächsten Werkzeuge, der Sinnesorgane.

Dialektik der Natur – Anteil der Arbeit an der Menschwerdung des Affen (20, 451)

Wir machen unsere Geschichte selbst, aber erstens unter sehr bestimmten Voraussetzungen und Bedingungen. Darunter sind die ökonomischen die schließlich entscheidenden. ... Zweitens aber macht sich die Geschichte so, daß das Endresultat stets aus den Konflikten vieler Einzelwissen hervorgeht, wovon jeder wieder durch eine Menge besonderer Lebensbedingungen zu dem gemacht wird, was er ist; es sind also unzählige einander durchkreuzende Kräfte, eine unendliche Gruppe von Kräfteparallelogrammen, daraus eine Resultante – das geschichtliche Ergebnis – hervorgeht, die selbst wieder als das Produkt einer, als Ganzes bewußtlos und willenlos wirkenden Macht angesehen werden kann.

Denn was jeder Einzelne will, wird von jedem anderen verhindert, und was herauskommt, ist etwas, das keiner gewollt hat. So verläuft die bisherige Geschichte nach Art eines Naturprozesses.

Brief an Bloch (37, 463f.)

Durch das Zusammenwirken von Hand, Sprachorganen und Gehirn nicht allein bei jedem einzelnen, sondern auch in der Gesellschaft, wurden die Menschen befähigt, immer verwickeltere Verrichtungen auszuführen, immer höhere Ziele sich zu stellen und zu erreichen.

Dialektik der Natur – Anteil der Arbeit an der Menschwerdung des Affen (20, 450)

Dem Kopf, der Entwicklung und Tätigkeit des Gehirns, wurde alles Verdienst an der rasch fortschreitenden Zivilisation zugeschrieben; die Menschen gewöhnten sich daran, ihr Tun aus ihrem Denken zu erklären statt aus ihren Bedürfnissen (die dabei allerdings im Kopf sich widerspiegeln, zum Bewußtsein kommen) – und so entstand mit der Zeit jene idealistische Weltanschauung, die namentlich seit Untergang der antiken Welt die Köpfe beherrscht hat.

Dialektik der Natur – Anteil der Arbeit an der Menschwerdung des Affen (20, 451)

Auch die Tiere haben eine Geschichte, die ihrer Abstammung und allmählichen Entwicklung bis auf ihren heutigen Stand. Aber diese Geschichte wird für sie gemacht, und soweit sie selbst daran teilnehmen, geschieht es ohne ihr Wissen und Wollen. Die Menschen dagegen, je mehr sie sich vom Tier im engeren Sinn entfernen, desto mehr machen sie ihre Geschichte selbst, mit Bewußtsein.

Anti-Dühring (20, 323)

Freiheit besteht ... in der auf Erkenntnis der Naturnotwendigkeiten gegründeten Herrschaft über uns selbst und über die äußere Natur; sie ist damit notwendig ein Produkt der geschichtlichen Entwicklung. Die ersten, sich vom Tierreich sondernden Menschen waren in allem Wesentlichen so unfrei wie die Tiere selbst; aber jeder Fortschritt in der Kultur (und damit in dem Wissen, über das eine Gesellschaft verfügte,) war ein Schritt zur Freiheit.

Anti-Dühring (20, 106)

Die Steigerung der Produktion in allen Zweigen – Viehzucht, Ackerbau, häusliches Handwerk – gab der menschlichen Arbeitskraft die Fähigkeit, ein größeres Produkt zu erzeugen, als zu ihrem Unterhalt erforderlich war. Sie steigerte gleichzeitig die tägliche Arbeitsmenge, die jedem Mitglied der Gens, der Hausgemeinde oder der Einzelfamilie zufiel. Die Einschaltung neuer Arbeitskräfte wurde wünschenswert. Der Krieg lieferte sie: Die Kriegsgefangnen wurden in Sklaven verwandelt. Die erste große gesellschaftliche Teilung der Arbeit zog mit ihrer Steigerung der Produktivität der Arbeit, also des Reichtums, und mit ihrer Erweiterung des Produktionsfeldes, unter den gegebnen geschichtlichen Gesamtbedingungen, die Sklaverei mit Notwendigkeit nach sich. Aus der ersten großen gesellschaftlichen Arbeitsteilung entsprang die erste große Spaltung der Gesellschaft in zwei Klassen: Herren und Sklaven, Ausbeuter und Ausgebeutete.

Der Ursprung der Familie, des Privateigentums und des Staats (21, 157)

Der Unterschied von Reichen und Ärmeren tritt neben den von Freien und Sklaven – mit der neuen Arbeitsteilung eine neue Spaltung der Gesellschaft in Klassen. Die Besitzunterschiede der einzelnen Familienhäupter sprengen die alte kommunistische Hausgemeinde überall, wo sie sich bis dahin erhalten; mit ihr die gemeinsame Bebauung des Bodens für Rechnung dieser Gemeinde. Das Ackerland wird den einzelnen Familien zunächst auf Zeit, später ein für allemal zur Nutzung überwiesen, der Übergang in volles Privateigentum vollzieht sich allmählich und parallel mit dem Übergang der Paarungsehe in Monogamie. Die Einzelfamilie fängt an, die wirtschaftliche Einheit in der Gesellschaft zu werden.

Der Ursprung der Familie, des Privateigentums und des Staats (21, 159)

Mit der Sklaverei, die unter der Zivilisation ihre vollste Entfaltung erhielt, trat die erste große Spaltung der Gesellschaft ein in eine ausbeutende und eine ausgebeutete Klasse. Diese Spaltung dauerte fort während der ganzen zivilisierten Periode. Die Sklaverei ist die erste, der antiken Welt eigentümliche Form der Ausbeutung: ihr folgt die Leibeigenschaft im Mittelalter, die Lohnarbeit in der neueren Zeit. Es sind dies die drei großen Formen der Knechtschaft, wie sie für die drei großen Epochen der Zivilisation charakteristisch sind; offne, und neuerdings verkleidete, Sklaverei geht stets danebenher.

Der Ursprung der Familie, des Privateigentums und des Staats (21, 170)

Der Umsturz des Mutterrechts war die weltgeschichtliche Niederlage des weiblichen Geschlechts. Der Mann ergriff das Steuer auch im Hause, die Frau wurde entwürdigt, geknechtet, Sklavin seiner Lust und bloßes Werkzeug der Kinderzeugung. Diese erniedrigte Stellung der Frau, wie sie namentlich bei den Griechen der heroischen und noch mehr der klassischen Zeit offen hervortritt, ist allmählich beschönigt und verheuchelt, auch stellenweise in mildere Form gekleidet worden; beseitigt ist sie keineswegs.

Der Ursprung der Familie, des Privateigentums und des Staats (21, 61)

In einem alten, 1846 von Marx und mir ausgearbeiteten, ungedruckten Manuskript finde ich: »Die erste Teilung der Arbeit ist die von Mann und Weib zur Kinderzeugung.« Und heute kann ich hinzusetzen: Der erste Klassengegensatz, der in der Geschichte auftritt, fällt zusammen mit der Entwicklung des Antagonismus von Mann und Weib in der Einzelehe, und die erste Klassenunterdrückung mit der des weiblichen Geschlechts durch das männliche. Die Einzelehe war ein großer geschichtlicher Fortschritt, aber zugleich eröffnet sie neben der Sklaverei und dem Privatreichtum jene bis heute dauernde Epoche, in der jeder Fortschritt zugleich ein relativer Rückschritt, in dem das Wohl und die Entwicklung der einen sich durchsetzt durch das Wehe und die Zurückdrängung der andern. Sie ist die Zellenform der zivilisierten Gesellschaft, an der wir schon die Natur der in dieser sich voll entfaltenden Gegensätze und Widersprüche studieren können.

Der Ursprung der Familie, des Privateigentums und des Staats (21, 68)

Die neuen Tatsachen zwangen dazu, die ganze bisherige Geschichte einer neuen Untersuchung zu unterwerfen, und da zeigte sich, daß alle bisherige Geschichte, mit Ausnahme der Urzustände, die Geschichte von Klassenkämpfen war, daß diese einander bekämpfenden Klassen der Gesellschaft jedesmal Erzeugnisse sind der Produktions- und Verkehrsverhältnisse, mit einem Wort, der ökonomischen Verhältnisse ihrer Epoche; daß also die jedesmalige ökonomische Struktur der Gesellschaft die reale Grundlage bildet, aus der der gesamte Überbau der rechtlichen und politischen Einrichtungen sowie der religiösen, philosophischen und sonstigen Vorstellungsweise eines jeden geschichtlichen Zeitabschnitts in letzter Instanz zu erklären sind.

Die Entwicklung des Sozialismus von der Utopie zur Wissenschaft (19, 208)

Mit der Besitzergreifung der Produktionsmittel durch die Gesellschaft ist die Warenproduktion beseitigt und damit die Herrschaft des Produkts über die Produzenten. ... Der Umkreis der die Menschen umgebenden Lebensbedingungen, der die Menschen bis jetzt beherrschte, tritt jetzt unter die Herrschaft und Kontrolle der Menschen, die nun zum ersten Male bewußte, wirkliche Herren der Natur, weil und indem sie Herren ihrer eigenen Vergesellschaftung werden.
Die Gesetze ihres eigenen gesellschaftlichen Tuns, die ihnen bisher als fremde, sie beherrschende Naturgesetze gegenüberstanden, werden dann von den Menschen mit voller Sachkenntnis angewandt und damit beherrscht. Die eigene Vergesellschaftung der Menschen, die ihnen bisher als von Natur und Geschichte aufge-

zwungen gegenüberstand, wird jetzt ihre eigene freie Tat. Die objektiven, fremden Mächte, die bisher die Geschichte beherrschten, treten unter die Kontrolle der Menschen selbst. Erst von da an werden die Menschen ihre Geschichte mit vollem Bewußtsein selbst machen, erst von da an werden die von ihnen in Bewegung gesetzten gesellschaftlichen Ursachen vorwiegend und in stets steigendem Maße auch die von ihnen gewollten Wirkungen haben.
Es ist der Sprung der Menschheit aus dem Reiche der Notwendigkeit in das Reich der Freiheit.

Anti-Dühring (20, 264)

Der Staat ist also nicht von Ewigkeit her. Es hat Gesellschaften gegeben, die ohne ihn fertig wurden, die von Staat und Staatsgewalt keine Ahnung hatten. Auf einer bestimmten Stufe der ökonomischen Entwicklung, die mit Spaltung der Gesellschaft in Klassen notwendig verbunden war, wurde durch diese Spaltung der Staat eine Notwendigkeit.

Der Ursprung der Familie, des Privateigentums und des Staats (21, 165)

Der Staat ist also keineswegs eine der Gesellschaft von außen aufgezwungne Macht; ebensowenig ist er »die Wirklichkeit der sittlichen Idee«, »das Bild und die Wirklichkeit der Vernunft«, wie Hegel behauptet. Er ist vielmehr ein Produkt der Gesellschaft auf bestimmter Entwicklungsstufe; er ist das Eingeständnis, daß diese Gesellschaft sich in einen unlösbaren Widerspruch mit sich selbst verwickelt, sich in unversöhnliche Gegensätze gespalten hat, die zu bannen sie ohnmächtig ist. Damit aber diese Gegensätze, Klassen mit widerstreitenden ökonomischen Interessen nicht sich und die Gesellschaft in fruchtlosem Kampf verzehren, ist eine scheinbar über der Gesellschaft stehende Macht nötig geworden, die den Konflikt dämpfen, innerhalb der Schranken der »Ordnung« halten soll; und diese, aus der Gesellschaft hervorgegangne, aber sich über sie stellende, sich ihr mehr und mehr entfremdende Macht ist der Staat.

Der Ursprung der Familie, des Privateigentums und des Staats (21, 165)

Während in Frankreich der Orkan der Revolution das Land ausfegte, ging in England eine stillere, aber darum nicht minder gewaltige Umwälzung vor sich. Der Dampf und die neue Werkzeugmaschinerie verwandelten die Manufaktur in die moderne große Industrie und revolutionierten damit die ganze Grundlage der bürgerlichen Gesellschaft. Der schläfrige Entwicklungsgang der Manufakturzeit verwandelte sich in eine wahre Sturm- und Drangperiode der Produktion.

Die Entwicklung des Sozialismus von der Utopie zur Wissenschaft (19, 197)

Wo einzelne Kapitalisten um des unmittelbaren Profits willen produzieren und austauschen, können in erster Linie nur die nächsten, unmittelbarsten Resultate in Betracht kommen. Wenn der einzelne Fabrikant oder Kaufmann die fabrizierte oder eingekaufte Ware nur mit dem üblichen Profitchen verkauft, so ist er zufrieden, und es kümmert ihn nicht, was nachher aus der Ware und deren Käufer wird. Ebenso mit den natürlichen Wirkungen derselben Handlungen. Die spanischen Pflanzer in Kuba, die die Wälder an den Abhängen niederbrannten und in der Asche Dünger genug für eine Generation höchst rentabler Kaffeebäume vorfanden – was lag ihnen daran, daß nachher die tropischen Regengüsse die nun schutzlose Dammerde herabschwemmten und nur nackten Fels hinterließen? Gegenüber der Natur, wie der Gesellschaft, kommt bei der heutigen Produktionsweise vorwiegend nur der erste, handgreiflichste Erfolg in Betracht.

Dialektik der Natur – Anteil der Arbeit an der Menschwerdung des Affen (20, 455)

Die moderne Naturforschung datiert wie die ganze neuere Geschichte von jener gewaltigen Epoche, die wir Deutsche, nach dem uns damals zugestoßenen Nationalunglück, die Reformation, die Franzosen die Renaissance und die Italiener das Cinquecento nennen, und die keiner dieser Namen erschöpfend ausdrückt.

... Es war die größte progressive Umwälzung, die die Menschheit bis dahin erlebt hatte, eine Zeit, die Riesen brauchte und Riesen zeugte, Riesen an Denkkraft, Leidenschaft und Charakter, an Vielseitigkeit und Gelehrsamkeit

Dialektik der Natur – Einleitung (20, 311)

Ein allumfassendes, ein für allemal abschließendes System der Erkenntnis von Natur und Geschichte steht im Widerspruch mit den Grundgesetzen des dialektischen Denkens; was indes keineswegs ausschließt, sondern im Gegenteil einschließt, daß die systematische Erkenntnis der gesamten äußern Welt von Geschlecht zu Geschlecht Riesenfortschritte machen kann.

Die Entwicklung des Sozialismus von der Utopie zur Wissenschaft (19, 206f.)

Wenn wir die Natur oder die Menschengeschichte oder unsre geistige Tätigkeit der denkenden Betrachtung unterwerfen, so bietet sich uns zunächst dar das Bild einer unendlichen Verschlingung von Zusammenhängen und Wechselwirkungen, in der nichts bleibt, was, wo und wie es war, sondern alles sich bewegt, sich verändert, wird und vergeht. Wir sehen zunächst also das Gesamtbild, in dem die Einzelheiten noch mehr oder weniger zurücktreten, wir achten mehr auf die Bewegung, die Übergänge, die Zusammenhänge, als auf das, was sich bewegt, übergeht und zusammenhängt. Diese ursprüngliche, naive, aber der Sache nach richtige Anschauung von der Welt ist die der alten griechischen Philosophie und ist zuerst klar ausgesprochen von Heraklit: Alles ist und ist auch nicht, denn alles *fließt*, ist in steter Veränderung, in stetem Werden und Vergehen begriffen.

Die Entwicklung des Sozialismus von der Utopie zur Wissenschaft (19, 202f.)

Das Altertum hatte den Euklid und das ptolemäische Sonnensystem, die Araber die Dezimalnotation, die Anfänge der Algebra, die modernen Zahlen und die Alchimie hinterlassen; das christliche Mittelalter gar nichts. Notwendig nahm in dieser Lage die elementarste Naturwissenschaft, die Mechanik der irdischen und himmlischen Körper, den ersten Rang ein, und neben ihr, in ihrem Dienst, die Entdeckung und Vervollkommnung der mathematischen Methoden. Hier wurde Großes geleistet.

Dialektik der Natur – Einleitung (20, 313)

Die Zerlegung der Natur in ihre einzelnen Teile, die Sonderung der verschiednen Naturvorgänge und Naturgegenstände in bestimmte Klassen, die Untersuchung des Innern der organischen Körper nach ihren mannigfachen anatomischen Gestaltungen war die

Grundbedingung der Riesenfortschritte, die die letzten vierhundert Jahre uns in der Erkenntnis der Natur gebracht. Aber sie hat uns ebenfalls die Gewohnheit hinterlassen, die Naturdinge und Naturvorgänge in ihrer Vereinzelung, außerhalb des großen Gesamtzusammenhangs aufzufassen; daher nicht in ihrer Bewegung, sondern in ihrem Stillstand; nicht als wesentlich veränderliche, sondern als feste Bestände; nicht in ihrem Leben, sondern in ihrem Tod.

Die Entwicklung des Sozialismus von der Utopie zur Wissenschaft (19, 203)

Die Wissenschaft vom Denken ist also, wie jede andre, eine historische Wissenschaft, die Wissenschaft von der geschichtlichen Entwicklung des menschlichen Denkens.

Dialektik der Natur – Über die Dialektik (20, 330)

Die Natur ist die Probe auf die Dialektik, und wir müssen es der modernen Naturwissenschaft nachsagen, daß sie für diese Probe ein äußerst reichliches, sich täglich häufendes Material, geliefert und damit bewiesen hat, daß es in der Natur, in letzter Instanz, dialektisch und nicht metaphysisch hergeht, daß sie sich nicht im ewigen Einerlei eines stets wiederholten Kreises bewegt, sondern eine wirkliche Geschichte durchmacht.

Die Entwicklung des Sozialismus von der Utopie zur Wissenschaft (19, 205)

In der Geschichte der Gesellschaft sind die Handelnden lauter mit Bewußtsein begabte, mit Überlegung oder Leidenschaft handelnde, auf bestimmte Zwecke hinarbeitende Menschen ... Nur selten geschieht das Gewollte, in den meisten Fällen durchkreuzen und widerstreiten sich die vielen gewollten Zwecke oder sind diese Zwecke selbst von vornherein undurchführbar oder die Mittel unzureichend. So führen die Zusammenstöße der zahllosen Einzelwillen und Einzelhandlungen auf geschichtlichem Gebiet einen Zustand herbei, der ganz dem in der bewußtlosen Natur herrschenden analog ist. Die Zwecke der Handlungen sind gewollt, aber die Resultate, die wirklich aus den Handlungen folgen, sind nicht gewollt, oder soweit sie dem gewolltem Zweck zunächst doch zu entsprechen scheinen, haben sie schließlich ganz andere als die gewollten Folgen.

Ludwig Feuerbach und der Ausgang der klassischen deutschen Philosophie (21, 296f.)

Nach materialistischer Geschichtsauffassung ist das in letzter Instanz bestimmende Moment in der Geschichte die Produktion und Reproduktion des wirklichen Lebens. Mehr hat weder Marx noch ich je behauptet. Wenn nun jemand das dahin verdreht, das ökonomische Moment sei das einzig bestimmende, so verwandelt er jenen Satz in eine nichtssagende, abstrakte, ab-

surde Phrase. Die ökonomische Lage ist die Basis, aber die verschiedenen Momente des Überbaus – politische Formen des Klassenkampfs und seine Resultate – Verfassungen, nach gewonnener Schlacht durch die siegende Klasse festgestellt usw. – Rechtsformen, und nun gar die Reflexe aller dieser wirklichen Kämpfe im Gehirn der Beteiligten, politische, juristische, philosophische Theorien, religiöse Anschauungen und deren Weiterentwicklung zu Dogmensystemen, üben auch ihre Einwicklung auf den Verlauf der geschichtlichen Kämpfe aus und bestimmten in vielen Fällen vorwiegend der den Form.
Es ist eine Wechselwirkung aller dieser Momente, worin schließlich durch alle die unendliche Menge von Zufälligkeiten (d. h. von Dingen und Ereignissen, deren innerer Zusammenhang untereinander so entfernt oder so unnachweisbar ist, daß wir ihn als nicht vorhanden betrachten, vernachlässigen können) als Notwendiges die ökonomische Bewegung sich durchsetzt.

Brief an Bloch (37, 463f.)

Wenn es also darauf ankommt, die treibenden Mächte zu erforschen, die ... hinter den Beweggründen der geschichtlich handelnden Menschen stehen und die eigentlichen letzten Triebkräfte der Geschichte ausmachen, so kann es sich nicht so sehr um die Beweggründe bei einzelnen ... Menschen handeln, als um diejenigen, welche große Massen, ganze Völker und in jedem Volk wieder ganze Volksklassen in Bewegung setzen; ... zu dauernder, in einer großen geschichtlichen Veränderung auslaufender Aktion.

Ludwig Feuerbach und der Ausgang der klassischen deutschen Philosophie (21, 298)

Es ist also die Geschichte der Natur wie der menschlichen Gesellschaft, aus der die Gesetze der Dialektik abstrahiert werden. Sie sind eben nichts andres als die allgemeinsten Gesetze dieser beiden Phasen der geschichtlichen Entwicklung sowie des Denkens selbst. Und zwar reduzieren sie sich der Hauptsache nach auf drei:

– das Gesetz des Umschlagens von Quantität in Qualität und umgekehrt;
– das Gesetz von der Durchdringung der Gegensätze;
– das Gesetz von der Negation der Negation.

Dialektik der Natur – Dialektik (20, 348)

Die Natur ist großartig, und als Abwechslung von der Bewegung der Geschichte bin ich immer gerne zu ihr zurückgekehrt, aber die Geschichte scheint mir doch großartiger als die Natur. Die Natur hat Millionen Jahre gebraucht, um bewußte Lebewesen hervorzubringen, und nun brauchen diese bewußten Lebewesen Tausende von Jahren, um bewußt zusammen zu handeln; bewußt nicht nur ihrer Handlungen als Individuen, sondern auch ihrer Handlungen als Masse; zusammen handelnd und gemeinsam ein im voraus gewolltes gemeinsames Ziel verfolgend. Jetzt haben wir das beinahe erreicht. Und diesen Prozeß zu beobachten, diese sich nähernde Herausbildung von etwas in der Geschichte unserer Erde noch nie Dagewesenem, scheint mir ein Schauspiel, das des Betrachtens wert ist, und während meines ganzen vergangenen Lebens konnte ich die Augen nicht davon wenden. Aber es ist ermüdend, besonders, wenn man glaubt, daß man berufen ist, an diesem Prozeß mitzuwirken; und dann erweist sich das Studium der Natur als große Erleichterung und als Heilmittel. Denn schließlich sind Natur und Geschichte die beiden Komponenten, durch die wir leben, weben und sind.

Brief an Lamplugh (39, 63)

Wie Darwin das Gesetz der Entwicklung der organischen Natur, so entdeckte Marx das Entwicklungsgesetz der menschlichen Geschichte: die bisher unter ideologischen Überwucherungen verdeckte einfache Tatsache, daß die Menschen vor allen Dingen zuerst essen, trinken, wohnen und sich kleiden müssen, ehe sie Politik, Wissenschaft, Kunst, Religion usw. treiben können; daß also die Produktion der unmittelbaren materiellen Lebensmittel und damit die jedesmalige ökonomische Entwicklungsstufe eines Volkes oder eines Zeitabschnitts die Grundlage bildet, aus der sich die Staatseinrichtungen, die Rechtsanschauungen, die Kunst und selbst die religiösen Vorstellungen der betreffenden Menschen entwickelt haben, und aus der sie daher auch erklärt werden müssen – nicht, wie bisher geschehen, umgekehrt.

Das Begräbnis von Karl Marx (19, 335f.)

Über geschichtliche Ereignisse beklagt man sich nicht, man bemüht sich im Gegenteil, ihre Ursachen zu verstehen und damit auch ihre Folgen.

Marx vor den Kölner Geschworenen (21, 201)

Klassen und Klassenkampf

Die Spaltung der Gesellschaft in eine ausbeutende und eine ausgebeutete, eine herrschende und eine unterdrückte Klasse war die notwendige Folge der früheren geringen Entwicklung der Produktion. Solange die gesellschaftliche Gesamtarbeit nur einen Ertrag liefert, der das zur notdürftigen Existenz Aller Erforderliche nur um wenig übersteigt, solange also die Arbeit alle oder fast alle Zeit der großen Mehrzahl der Gesellschaftsmitglieder in Anspruch nimmt, solange teilt sich diese Gesellschaft notwendig in Klassen.
Neben der ausschließlich der Arbeit frönenden großen Mehrheit bildet sich eine von direkt-produktiver Arbeit befreite Klasse, die die gemeinsamen Angelegenheiten der Gesellschaft besorgt: Arbeitsleitung, Staatsgeschäfte, Justiz, Wissenschaften, Künste usw.
Es ist also das Gesetz der Arbeitsteilung, das der Klassenteilung zugrunde liegt.

Die Entwicklung des Sozialismus von der Utopie zur Wissenschaft (19, 224f.)

Da die Grundlage der Zivilisation die Ausbeutung einer Klasse durch eine andre Klasse ist, so bewegt sich ihre ganze Entwicklung in einem fortdauernden Widerspruch. Jeder Fortschritt der Produktion ist gleichzeitig ein Rückschritt in der Lage der unterdrückten Klasse, d.h. der großen Mehrzahl. Jede Wohltat für die einen ist notwendig ein Übel für die andern, jede neue Befreiung der einen Klasse eine neue Unterdrückung für eine andre Klasse. Den schlagendsten Beweis dafür liefert die Einführung der Maschinerie, deren Wirkungen heute weltbekannt sind. Und wenn bei den Barbaren der Unterschied von Rechten und Pflichten, wie wir sahen, noch kaum gemacht werden konnte, so macht die Zivilisation den Unterschied und Gegensatz beider auch dem Blödsinnigsten klar, indem sie einer Klasse so ziemlich alle Rechte zuweist, der andern dagegen so ziemlich alle Pflichten.

Der Ursprung der Familie, des Privateigentums und des Staats (21, 171 f.)

Da der Staat entstanden ist aus dem Bedürfnis, Klassengegensätze im Zaum zu halten, da er aber gleichzeitig mitten im Konflikt dieser Klassen entstanden ist, so ist er in der Regel Staat der mächtigsten, ökonomisch herrschenden Klasse, die vermittelst seiner auch politisch herrschende |167| Klasse wird und so neue Mittel erwirbt zur Niederhaltung und Ausbeutung der unterdrückten Klasse. So war der antike Staat vor allem Staat der Sklavenbesitzer zur Niederhaltung der Sklaven, wie der Feudalstaat Organ des Adels zur Niederhaltung der leibeignen und hörigen Bauern und der moderne Repräsentativstaat Werkzeug der Ausbeutung der Lohnarbeit durch das Kapital. Ausnahmsweise indes kommen Perioden vor, wo die kämpfenden Klassen einander so nahe das Gleichgewicht halten, daß die Staatsgewalt als scheinbare Vermittlerin momentan eine gewisse Selbständigkeit gegenüber beiden erhält. So die absolute Monarchie des 17. und 18. Jahrhunderts, die Adel und Bürgertum gegeneinander balanciert; so der Bonapartismus des ersten und namentlich des zweiten französischen Kaiserreichs, der das Proletariat gegen die Bourgeoisie und die Bourgeoisie gegen das Proletariat ausspielte. Die neueste Leistung in dieser Art, bei der Herrscher und Beherrschte gleich komisch erscheinen, ist das neue deutsche Reich Bismarckscher Nation: Hier werden Kapitalisten und Arbeiter gegeneinander balanciert und gleichmäßig geprellt zum Besten der verkommnen preußischen Krautjunker.

Der Ursprung der Familie, des Privateigentums und des Staats (21, 166 f.)

Neben dem Gegensatz von Feudaladel und dem als Vertreterin der gesamten übrigen Gesellschaft auftretenden Bürgertum bestand der allgemeine Gegensatz von Ausbeutern und Ausgebeuteten, von reichen Müßiggängern und arbeitenden Armen. War es doch gerade dieser Umstand, der es den Vertretern der Bourgeoisie möglich machte, sich als Vertreter nicht einer besondern Klasse, sondern der ganzen leidenden Menschheit hinzustellen.

Die Entwicklung des Sozialismus von der Utopie zur Wissenschaft (19, 190f.)

Die heutige kapitalistische Produktionsweise hat zur Voraussetzung das Dasein zweier Gesellschaftsklassen; einerseits der Kapitalisten, die sich im Besitz der Produktions- und Lebensmittel befinden, und andererseits der Proletarier, die, von diesem Besitz ausgeschlossen, nur eine einzige Ware zu verkaufen haben: ihre Arbeitskraft; und die diese ihre Arbeitskraft daher verkaufen müssen, um in den Besitz von Lebensmitteln zu gelangen.

Karl Marx (19, 105)

Die Abschaffung der Klassen ist unsere Grundforderung, ohne sie ist die Abschaffung der Klassenherrschaft ökonomisch ein Unding.

Kritik des SPD-Programmentwurfs (22, 232)

Die Ökonomie handelt nicht von Dingen, sondern von Verhältnissen zwischen Personen und in letzter Instanz zwischen Klassen; diese Verhältnisse sind aber stets an Dinge gebunden und erscheinen als Dinge.

Rezension zur »Kritik der politischen Ökonomie« (13, 476)

Es ist eine Eigentümlichkeit gerade der Bourgeoisie gegenüber allen früheren herrschenden Klassen: in ihrer Entwicklung gibt es einen Wendepunkt, von dem an jede weitere Steigerung ihrer Machtmittel, vorab also ihrer Kapitalien, nur dazu beiträgt, sie zur politischen Herrschaft mehr und mehr unfähig zu machen. »Hinter den großen Bourgeois stehn die Proletarier.« In demselben Maß, wie die Bourgeoisie ihre Industrie, ihren Handel und ihre Verkehrsmittel entwickelt, in demselben Maß erzeugt sie Proletariat. Und an einem gewissen Punkt – der nicht überall gleichzeitig oder auf gleicher Entwicklungsstufe einzutreten braucht – beginnt sie zu merken, daß dieser ihr proletarischer Doppelgänger ihr über den Kopf wächst. Von dem Augenblick an verliert sie die Kraft zur ausschließlichen politischen Herrschaft; sie sieht sich um nach Bundesgenossen, mit denen sie, je nach Umständen, ihre Herrschaft teilt oder denen sie sie ganz abtritt.

Der deutsche Bauernkrieg – Vorbemerkung (7, 534)

Fügen wir bei dieser Gelegenheit hinzu, daß alle bisherigen geschichtlichen Gegensätze von ausbeutenden und ausgebeuteten, herrschenden und unterdrückten Klassen ihre Erklärung finden in derselben verhältnismäßig unentwickelten Produktivität der menschlichen Arbeit. Solange die wirklich arbeitende Bevölkerung von ihrer notwendigen Arbeit so sehr in Anspruch genommen wird, daß ihr keine Zeit zur Besorgung der gemeinsamen Geschäfte der Gesellschaft – Arbeitsleitung, Staatsgeschäfte, Rechtsangelegenheiten, Kunst, Wissenschaft etc. – übrig bleibt, solange mußte stets eine besondere Klasse bestehen, die, von der wirklichen Arbeit befreit, diese Angelegenheiten besorgte; wobei sie denn nie verfehlte, den arbeitenden Massen zu ihrem eigenen Vorteil mehr und mehr Arbeitslast aufzubürden.

Anti-Dühring (20, 169)

War doch der letzte Grund, womit der Klassenunterschied verteidigt wurde, stets: Es muß eine Klasse geben, die sich nicht mit der Produktion ihres täglichen Lebensunterhaltes abzuplacken hat, damit sie die Zeit behält, die geistige Arbeit der Gesellschaft zu besorgen.

Zur Wohnungsfrage (18, 221)

Aber wenn hiernach die Einteilung in Klassen eine gewisse geschichtliche Berechtigung hat, so hat sie eine solche doch nur für einen gegebenen Zeitraum, für gegebene gesellschaftliche Bedingungen. Sie gründete sich auf die Unzulänglichkeit der Produktion; sie wird weggefegt werden durch die volle Entfaltung der modernen Produktivkräfte. Und in der Tat hat die Abschaffung der gesellschaftlichen Klassen zur Voraussetzung einen geschichtlichen Entwicklungsgrad, auf dem das Bestehen nicht bloß dieser oder jener bestimmten herrschenden Klasse, sondern einer herrschenden Klasse überhaupt, also des Klassenunterschiedes selbst, ein Anachronismus geworden, veraltet ist. Sie hat also zur Voraussetzung einen Höhegrad der Entwicklung der Produktion, auf dem die Aneignung der Produktionsmittel und Produkte und damit der politischen Herrschaft, des Monopols der Bildung und der geistigen Leitung durch eine besondere Gesellschaftsklasse nicht nur überflüssig, sondern auch ökonomisch, politisch und intellektuell ein Hindernis der Entwicklung geworden ist. Dieser Punkt ist jetzt erreicht.

Entwicklung des Sozialismus von der Utopie zur Wissenschaft (19, 225)

Was die Kleinbürger, Handwerksmeister und Krämer betrifft, so werden sie sich immer gleichbleiben. Sie hoffen in das Großbürgertum sich emporzuschwindeln, sie fürchten ins Proletariat hinabgestoßen zu werden. Zwischen Furcht und Hoffnung werden sie während des Kampfes ihre werte Haut salvieren und nach dem Kampf sich dem Sieger anschließen. Das ist ihre Natur.

Der deutsche Bauernkrieg – Vorbemerkung (7, 535)

Die Forderung der Gleichheit wurde nicht mehr auf die politischen Rechte beschränkt, sie sollte sich auch auf die gesellschaftliche Lage der einzelnen erstrecken; nicht bloß die Klassenvorrechte sollten aufgehoben werden, sondern die Klassenunterschiede selbst. Ein asketischer, allen Lebensgenuß verpönender, an Sparta anknüpfender Kommunismus war so die erste Erscheinungsform der neuen Lehre.

Die Entwicklung des Sozialismus von der Utopie zur Wissenschaft (19, 191)

Die Klassenkämpfe waren auch hier in England heftiger während der Entwicklungsperiode der großen Industrie und versiegten gerade während der Zeit der unbestrittenen industriellen Weltherrschaft; auch in Deutschland fällt die Entwicklung der großen Industrie seit 1850 zusammen mit dem Aufschwung der sozialistischen Bewegung, und in Amerika wird es wahrscheinlich nicht anders gehen. Es ist die Revolutionierung aller hergebrachten Verhältnisse durch die sich entwickelnde Industrie, die auch die Köpfe revolutioniert.«

Brief an Sorge (38, 563)

Mit der Besitzergreifung der Produktionsmittel durch die Gesellschaft ist die Warenproduktion beseitigt und damit die Herrschaft des Produkts über die Produzenten ... Der Kampf ums Einzeldasein hört auf. Damit erst scheidet der Mensch, in gewissem Sinn, endgültig aus dem Tierreich, tritt aus tierischen Daseinsbedingungen in wirklich menschliche. Der Umkreis der die Menschen umgebenden Lebensbedingungen, der die Menschen bis jetzt beherrschte, tritt jetzt unter die Herrschaft und Kontrolle der Menschen, die nun zum ersten Male bewußte, wirkliche Herren der Natur, weil und indem sie Herren ihrer eigenen Vergesellschaftung werden. Die Gesetze ihres eigenen gesellschaftlichen Tuns, die ihnen bisher als fremde, sie beherrschende Naturgesetze gegenüberstanden, werden dann von den Menschen mit voller Sachkenntnis angewandt und damit beherrscht. Die eigene Vergesellschaftung der Menschen, die ihnen bisher als von Natur und Geschichte aufgezwungen gegenüberstand, wird jetzt ihre eigene freie Tat. Die objektiven, fremden Mächte, die bisher die Geschichte beherrschten, treten unter die Kontrolle der Menschen selbst. Erst von da an werden die Menschen ihre Geschichte mit vollem Bewußtsein selbst machen, erst von da an werden die von ihnen in Bewegung gesetzten gesellschaftlichen Ursachen vorwiegend und in stets steigendem Maße auch die von ihnen gewollten Wirkungen haben.

Anti-Dühring (20, 264)

Preußen muß sich also entschließen, mit seinen zahlreichen feudalen Resten aufzuräumen, das Junkertum als solches zu opfern. Natürlich geschieht dies in der mildesten Form und nach der beliebten Melodie: Immer langsam voran! So z. B. in der vielberühmten Kreisordnung. Sie hebt die feudalen Privilegien des einzelnen Junkers auf seinem Gut auf, aber nur um sie als Vorrechte der Gesamtheit der großen Grundbesitzer für den ganzen Kreis wiederherzustellen. Die Sache bleibt, nur wird sie aus dem feudalen in den bürgerlichen Dialekt übersetzt. Man verwandelt den altpreußischen Junker zwangsweise in etwas wie einen englischen Squire, und er brauchte sich gar nicht so sehr dagegen zu sträuben, denn der eine ist so dumm wie der andere.

Der deutsche Bauernkrieg (18, 513)

Die deutsche Bourgeoisie hat das Unglück, daß sie nach beliebter deutscher Manier zu spät kommt. Ihre Blütezeit fällt in eine Periode, wo die Bourgeoisie der andern westeuropäischen Länder politisch schon im Niedergang begriffen ist. In England hat die Bourgeoisie ihren eigentlichen Repräsentanten, Bright, nicht anders in die Regierung bringen können als durch eine Ausdehnung des Stimmrechts, die in ihren Folgen der ganzen Bourgeoisherrschaft ein Ende machen muß. In Frankreich, wo die Bourgeoisie als solche, als Gesamtklasse, nur zwei Jahre, 1849 und 1850, unter der Republik geherrscht hat, konnte sie ihre soziale Existenz nur fristen, indem sie ihre politische Herrschaft an Louis Bonaparte und die Armee abtrat. Und bei der so unendlich gesteigerten Wechselwirkung der drei fortgeschrittensten europäischen Länder ist es heutzutage nicht mehr möglich, daß in Deutschland die Bourgeoisie sich die politische Herrschaft gemütlich einrichtet, wenn diese sich in England und Frankreich überlebt hat.

Der deutsche Bauernkrieg – Vorbemerkung (7, 534)

Die deutsche Bourgeoisie, statt aus eigener Kraft zu siegen, siegte im Schlepptau einer französischen Arbeiterrevolution. Noch ehe sie ihre alten Gegner, das absolute Königtum, den feudalen Grundbesitz, die Bürokratie, das feige Spießbürgertum, endgiltig niedergeworfen, mußte sie schon Front machen gegen einen neuen Feind, das Proletariat. Hier aber zeigten sich sofort die Wirkungen der hinter Frankreich und England weit zurückgebliebenen ökonomischen Zustände und der damit ebensosehr zurückgebliebenen Klassenlage Deutschlands.

Marx und die »Neue Rheinische Zeitung« (21, 17)

Die Männer, die die moderne Herrschaft der Bourgeoisie begründeten, waren alles, nur nicht bürgerlich beschränkt.

Dialektik der Natur – Einleitung (20, 312)

Höheres Blech in der Poesie, in der Philosophie, in der Ökonomie, in der Geschichtschreibung, höheres Blech auf Katheder und Tribüne, höheres Blech überall, höheres Blech mit dem Anspruch auf Überlegenheit und Gedankentiefe im Unterschied von dem simplen platt-vulgären Blech andrer Nationen, höheres Blech das charakteristischste und massenhafteste Produkt der deutschen intellektuellen Industrie, billig aber schlecht, ganz wie andre deutsche Fabrikate …

Dialektik der Natur – Über die Dialektik (20, 329)

Die Annexion von Elsaß-Lothringen, die nächste Ursache der tollen Konkurrenz in Kriegsrüstungen, mochte die französische und deutsche Bourgeoisie gegeneinander chauvinistisch verhetzen; für die Arbeiter beider Länder wurde sie ein neues Band der Einigung. Und der Jahrestag der Kommune von Paris wurde der erste allgemeine Festtag des gesamten Proletariats.

Einleitung zu »Klassenkämpfe in Frankreich« (22, 517)

Die deutschen sozialistischen Arbeiter ließen sich keinen Augenblick irremachen. Nicht eine Regung von nationalem Chauvinismus trat bei ihnen hervor. Mitten im tollsten Siegestaumel blieben sie kalt, verlangten »einen billigen Frieden mit der Französischen Republik und keine Annexionen«, und selbst der Belagerungszustand konnte sie nicht zum Schweigen bringen. Kein Schlachtenruhm, kein Gerede von deutscher »Reichsherrlichkeit« zog bei ihnen; ihr einziges Ziel blieb die Befreiung des gesamten europäischen Proletariats.

Der deutsche Bauernkrieg (18, 515)

Und die Armeen, die in Zukunft einander gegenüberstehen, werden so gewaltig sein, daß im Vergleich mit dem nächsten Krieg alle vorhergegangenen Kriege ein Kinderspiel waren.

Interview, »The Daily Chronicle« (22, 547)

In ganz Nordamerika, wo es Millionäre gibt, deren Reichtum sich in unseren lumpigen Mark, Gulden oder Franken kaum ausdrücken läßt, ist unter diesen Millionären nicht ein einziger Jude, und die Rothschilds sind wahre Bettler gegen diese Amerikaner. Und selbst hier in England ist Rothschild ein Mann von bescheidenen Mitteln z. B. gegenüber dem Herzog von Westminster. Selbst bei uns am Rhein, die wir mit Hilfe der Franzosen den Adel vor 95 Jahren zum Land hinausgejagt und uns eine moderne Industrie geschaffen haben, wo sind da die Juden?

Über den Antisemitismus (22, 50)

Dazu kommt, daß der Antisemitismus die ganze Sachlage verfälscht. Er kennt nicht einmal die Juden, die er niederschreit. Sonst würde er wissen, daß hier in England und in Amerika, dank den osteuropäischen Antisemiten, und in der Türkei, dank der spanischen Inquisition, es Tausende und aber Tausende jüdischer Proletarier gibt; und zwar sind diese jüdischen Arbeiter die am schlimmsten ausgebeuteten und die allerelendesten. Wir haben hier in England in den letzten zwölf Monaten drei Streiks jüdischer Arbeiter gehabt, und da sollen wir Antisemitismus treiben als Kampf gegen das Kapital?

Über den Antisemitismus (22, 50)

An den gesellschaftlichen Verhältnissen Deutschlands hat das Jahr 1866 fast nichts geändert. Die paar bürgerlichen Reformen – gleiches Maß und Gewicht, Freizügigkeit, Gewerbefreiheit usw., alles in den der Bürokratie angemessenen Schranken – erreichen noch nicht einmal das, was die Bourgeoisie andrer westeuropäischer Länder längst besitzt, und lassen die Hauptschikane, das bürokratische Konzessionswesen, unberührt. Für das Proletariat werden ohnehin alle Freizügigkeits-, Indigenats-, Paßaufhebungs- und andre Gesetze durch die landläufige Polizeipraxis ganz illusorisch gemacht.

Der deutsche Bauernkrieg – Vorbemerkung (7, 533)

Während noch Bürger und Adel sich in den Haaren lagen, wies der deutsche Bauernkrieg prophetisch hin auf zukünftige Klassenkämpfe, indem er nicht nur die empörten Bauern auf die Bühne führte – das war nichts Neues mehr –, sondern hinter ihnen die Anfänge des jetzigen Proletariats, die rote Fahne in der Hand und die Forderung der Gütergemeinschaft auf den Lippen.

Dialektik der Natur – Einleitung (20, 311)

Die Allianz zwischen Junkern und Geldprotzen zur Ausbeutung der deutschen Volksmassen – denn das und nichts andres war das Kartell – trägt ihre Frucht. Die Branntweinsteuer, die Zuckerprämie, die Korn- und Fleischzölle, die den Junkern Millionen aus der Tasche des Volks in ihre Taschen hinüberzaubern; die industriellen Schutzzölle, eingeführt grade im Augenblick, wo die deutsche Industrie aus eigner Kraft, und unter Freihandel, sich eine Weltmarktsstellung erobert hatte, eingeführt ausdrücklich und einzig, damit der Fabrikant im Inland zu Monopolpreisen und im Ausland zu Schleuderpreisen verkaufen könne; das ganze System der indirekten Steuern, das die ärmeren Volksmassen niederdrückt und die Reichen kaum berührt; die ins Unerschwingliche wachsende Steuerlast zur Deckung der Kosten für endlos steigende Kriegsrüstungen; die mit den Rüstungen wachsende, immer näher rückende Gefahr eines Weltkriegs, der vier bis fünf Millionen Deutsche »auf die Strecke« zu legen droht, weil der Raub von Elsaß-Lothringen Frankreich in die Arme Rußlands trieb und dadurch Rußland zum Schiedsrichter von Europa machte; die unerhörte Preßkorruption, vermittelst deren die Regierung das Volk bei jeder Reichstagserneuerung systematisch mit Schrecklügen überschwemmte; die Polizeikorruption zur Erkaufung oder Erzwingung des Verrats der Frau am Mann, des Kindes am Vater; die bis dahin in Deutschland so gut wie unbekannte Lockspitzelei; die Polizeiwillkür, die die Zeit von vor 1848 weit übertrifft; die schamlose Verhöhnung alles Rechts durch die deutschen Gerichte, voran das edle Reichsgericht; die Rechtlosmachung der ganzen Arbeiterklasse durch das Sozialistengesetz – alles das hat seine Zeit gehabt, und lang genug hat sie gedauert, diese Zeit, dank der

Feigheit des deutschen Philisters – aber jetzt geht's zu End.

Was nun? (22, 7f.)

Auch das deutsche Volk hat seine revolutionäre Tradition. Es gab eine Zeit, wo Deutschland Charaktere hervorbrachte, die sich den besten Leuten der Revolutionen anderer Länder an die Seite stellen können, wo das deutsche Volk eine Ausdauer und Energie entwickelte, die bei einer zentralisierteren Nation die großartigsten Resultate erzeugt hätte, wo deutsche Bauern und Plebejer mit Ideen und Plänen schwanger gingen, vor denen ihre Nachkommen oft genug zurückschaudern.

Der deutsche Bauernkrieg (7, 329)

Das Interesse des Proletariats verbot ebensosehr die Verpreußung Deutschlands wie die Verewigung der Kleinstaaterei. Es gebot die endliche Vereinigung Deutschlands zu einer Nation, die allein den von allen überkommenen kleinlichen Hindernissen gereinigten Kampfplatz herstellen konnte, auf dem Proletariat und Bourgeoisie ihre Kräfte messen sollten. Aber es verbot ebensosehr die Herstellung einer preußischen Spitze; der preußische Staat mit seiner ganzen Einrichtung, seiner Tradition und seiner Dynastie war gerade der einzige ernsthafte innere Gegner, den die Revolution in Deutschland niederzuwerfen hatte; und obendrein konnte Preußen Deutschland nur einigen durch Deutschlands Zerreißung, durch den Ausschluß Deutsch-Österreichs. Auflösung des preußischen, Zerfall des österreichischen Staates, wirkliche Einigung Deutschlands als Republik – ein anderes revolutionäres, nächstes Programm konnten wir nicht haben.

Marx und die »Neue Rheinische Zeitung«, 1884 (21, 19f.)

Nach dem Kriege von 1870/71 verschwindet Bonaparte vom Schauplatz, und Bismarcks Mission ist vollendet, so daß er nun wieder zum ordinären Junker herabsinken kann.

Einleitung zu »Klassenkämpfe in Frankreich« (22, 516f.)

Es gilt also nicht zu ermatten im Kampf, es gilt dem Feinde eine Stadt, einen Wahlkreis nach dem andern zu entreißen; vor allem aber gilt es, sich den echt internationalen Sinn zu wahren, der keinen patriotischen Chauvinismus aufkommen läßt und der jeden neuen Schritt in der proletarischen Bewegung mit Freuden begrüßt, einerlei von welcher Nation er ausgeht. Wenn die deutschen Arbeiter so vorangehen, so werden sie nicht gerade an der Spitze der Bewegung marschieren – es ist gar nicht im Interesse dieser Bewegung, daß die

Arbeiter irgendeiner einzelnen Nation an ihrer Spitze marschieren –, aber doch einen ehrenvollen Platz in der Schlachtlinie einnehmen; und sie werden gerüstet dastehen, wenn entweder unerwartet schwere Prüfungen oder gewaltige Ereignisse von ihnen erhöhten Mut, erhöhte Entschlossenheit und Tatkraft erheischen.

Der deutsche Bauernkrieg (18, 517)

Es ist in Preußen der Kleinadel, das Junkertum, das 10.000 Mark einnimmt und 20.000 Mark ausgibt und daher den Wucherern verfällt, das in Antisemitismus macht, und in Preußen und Österreich ist es der dem Untergang durch die großkapitalistische Konkurrenz verfallene Kleinbürger, Zunfthandwerker und Kleinkrämer, der den Chor dabei bildet und mitschreit. Wenn aber das Kapital *diese* Klassen der Gesellschaft vernichtet, die durch und durch reaktionär sind, so tut es, was seines Amtes ist, und tut ein gutes Werk, einerlei, ob es nun semitisch oder arisch, beschnitten oder getauft ist; es hilft den zurückgebliebenen Preußen und Österreichern vorwärts, daß sie endlich auf den modernen Standpunkt kommen, wo alle alten gesellschaftlichen Unterschiede aufgehen in den einen großen Gegensatz von Kapitalisten und Lohnarbeitern.

Über den Antisemitismus (22, 49f.)

Der Antisemitismus ist also nichts anderes als eine Reaktion mittelalterlicher, untergehender Gesellschaftsschichten gegen die moderne Gesellschaft, die wesentlich aus Kapitalisten und Lohnarbeitern besteht, und dient daher nur reaktionären Zwecken unter scheinbar sozialistischem Deckmantel; er ist eine Abart des feudalen Sozialismus, und damit können wir nichts zu schaffen haben.

Über den Antisemitismus (22, 50)

La belle France! In der Tat, die Franzosen haben ein schönes Land, und sie haben recht, wenn sie stolz darauf sind. Welches Land in Europa will sich an Reichtum, an Mannigfaltigkeit der Anlagen und Produkte, an Universalität mit Frankreich messen? Spanien? Aber zwei Drittel seiner Oberfläche sind durch Nachlässigkeit oder von Natur eine heiße Steinwüste, und die atlantische Seite der Halbinsel, Portugal, gehört nicht zu ihm. Italien? Aber seit die Welthandelsstraße durch den Ozean geht, seit die Dampfschiffe das Mittelmeer durchkreuzen, liegt Italien verlassen da. England? Aber England ist seit achtzig Jahren aufgegangen in Handel und Industrie, Kohlenrauch und Viehzucht, und England hat einen schrecklich bleiernen Himmel und keinen Wein. Und Deutschland? Im Norden eine platte Sandebene, vom europäischen Süden durch die granitne Wand der Alpen getrennt, weinarm, Land des Bieres, Schnapses und Roggenbrots, der versandeten Flüsse und Revolutionen!

Aber Frankreich! An drei Meeren gelegen, von fünf großen Strömen in drei Richtungen durchzogen, im Norden fast deutsches und belgisches, im Süden fast italienisches Klima; im Norden der Weizen, im Süden der Mais und Reis; im Norden die Colza, im Süden die Olive; im Norden der Flachs, im Süden die Seide, und fast überall der Wein.

Und Frankreich allein hat ein Paris, eine Stadt, in der die europäische Zivilisation zu ihrer vollsten Blüte sich entfaltet, in der alle Nervenfasern der europäischen Geschichte sich vereinigen und von der in gemessenen Zeiträumen die elektrischen Schläge ausgehn, unter denen eine ganze Welt erbebt; eine Stadt, deren Bevölkerung die Leidenschaft des Genusses mit der Leidenschaft der geschichtlichen Aktion wie nie ein andres Volk vereinigt, deren Bewohner zu leben wissen wie der feinste Epikureer Athens und zu sterben wie der unerschrockenste Spartaner, Alcibiades und Leonidas in einem; eine Stadt, die wirklich, wie Louis Blanc sagt, Herz und Hirn der Welt ist.

Von Paris nach Bern (5, 463f.)

Marx und das »Manifest«

Diese beiden großen Entdeckungen: die materialistische Geschichtsauffassung und die Enthüllung des Geheimnisses der kapitalistischen Produktion vermittelst des Mehrwerts verdanken wir Marx. Mit ihnen wurde der Sozialismus eine Wissenschaft, die es sich nun zunächst darum handelt, in allen ihren Einzelnheiten und Zusammenhängen weiter auszuarbeiten.

Die Entwicklung des Sozialismus von der Utopie zur Wissenschaft (19, 209)

Marx und ich haben, seit 1845, die Ansicht gehabt, daß *eine* der schließlichen Folgen der künftigen proletarischen Revolution sein wird die allmähliche Auflösung der mit dem Namen *Staat* bezeichneten politischen Organisation. Der Hauptzweck dieser Organisation war von jeher die Sicherstellung, durch bewaffnete Gewalt, der ökonomischen Unterdrückung der arbeitenden Mehrzahl durch die ausschließlich begüterte Minderzahl.

Zum Tode von Karl Marx (19, 344)

Überleg Dir doch das Glaubensbekenntnis etwas. Ich glaube, wir tun am besten, wir lassen die Katechismusform weg und titulieren das Ding: Kommunistisches

Manifest. Da darin mehr oder weniger Geschichte erzählt werden muß, paßt die bisherige Form gar nicht. Ich bringe das hiesige mit, das ich gemacht habe, es ist einfach erzählend, aber miserabel redigiert, in fürchterlicher Eile. Ich fange an: Was ist Kommunismus? Und dann gleich das Proletariat – Entstehungsgeschichte, Unterschied von früheren Arbeitern, Entwicklung des Gegensatzes des Proletariats und der Bourgeoisie, Krisen, Folgerungen. Dazwischen allerlei Nebensachen und schließlich die Parteipolitik der Kommunisten, soweit sie vors Publikum gehört.

Brief an Marx, 23. November 1847

Marx entdeckte auch das spezielle Bewegungsgesetz der heutigen kapitalistischen Produktionsweise und der von ihr erzeugten bürgerlichen Gesellschaft. Mit der Entdeckung des Mehrwerts war hier plötzlich Licht geschaffen, während alle früheren Untersuchungen, sowohl der bürgerlichen Ökonomen wie der sozialistischen Kritiker, im Dunkel sich verirrt hatten.

Das Begräbnis von Karl Marx (19, 336)

Inzwischen war in verschiedenen Ländern Europas die Arbeiterbewegung wieder soweit erstarkt, daß Marx daran denken konnte, einen langgehegten Wunsch zur Ausführung zu bringen: die Gründung einer die fortgeschrittensten Länder Europas und Amerikas umfassenden Arbeiter-Assoziation, die den internationalen Charakter der sozialistischen Bewegung sowohl den Arbeitern selbst wie den Bourgeois und den Regierungen sozusagen leiblich vorführen sollte – dem Proletariat zur Ermutigung und Stärkung, seinen Feinden zum Schrecken.

Karl Marx (19, 100f.)

Nie hat sich ein taktisches Programm so bewährt wie dieses [das »Manifest«]. Aufgestellt am Vorabend einer Revolution, hielt es die Probe dieser Revolution aus; wo seit jener Zeit eine Arbeiterpartei von ihm abwich, strafte sich jede Abweichung; und heute, nach beinahe vierzig Jahren, bildet es die Richtschnur aller entschiedenen und selbstbewußten Arbeiterparteien Europas von Madrid bis Petersburg.

Marx und die »Neue Rheinische Zeitung« (21, 17)

»Proletarier aller Länder, vereinigt euch!« Nur wenige Stimmen antworteten, als wir diese Worte in die Welt hinausriefen, vor nunmehr 42 Jahren, am Vorabend der ersten Pariser Revolution, worin das Proletariat mit eignen Ansprüchen hervortrat. Aber am 28. September 1864 vereinigten sich Proletarier der meisten westeuropäischen Länder zur Internationalen Arbeiter-

Assoziation glorreichen Angedenkens. Die Internationale selbst lebte allerdings nur neun Jahre. Aber daß der von ihr gegründete ewige Bund der Proletarier aller Länder noch lebt, und kräftiger lebt als je, dafür gibt es keinen bessern Zeugen als grade den heutigen Tag. Denn heute, wo ich diese Zeilen schreibe, hält das europäische und amerikanische Proletariat Heerschau über seine zum erstenmal mobil gemachten Streitkräfte, mobil gemacht als ein Heer, unter einer Fahne und für ein nächstes Ziel: den schon vom Genfer Kongreß der Internationale 1866 und wiederum vom Pariser Arbeiterkongreß 1889 proklamierten, gesetzlich festzustellenden, achtstündigen Normalarbeitstag. Und das Schauspiel des heutigen Tages wird den Kapitalisten und Grundherren aller Länder die Augen darüber öffnen, daß heute die Proletarier aller Länder in der Tat vereinigt sind. Stände nur Marx noch neben mir, dies mit eignen Augen zu sehn!

Vorwort zum Manifest, 1890 (22, 58f.)

Denn er [Marx] war wirklich ein Revolutionär, wie er sich selbst bezeichnete. Der Kampf für die Befreiung der Klasse der Lohnarbeiter von den Fesseln des modernen kapitalistischen Systems der Produktion war seine wahre Berufung. Und niemals gab es einen aktiveren Kämpfer als ihn. Die Krönung dieses Teils seines Schaffens bildet die Gründung der Internationalen Arbeiterassoziation, deren anerkannter Führer er von 1864 bis 1872 war. Die Assoziation ist dem äußeren Anschein nach verschwunden, aber der Bruderbund der Vereinigung der Arbeiter aus allen zivilisierten Ländern Europas und Amerikas besteht ein für allemal und dauert fort, auch ohne eine äußere formale Vereinigung.

Entwurf zur Grabrede für Karl Marx (19, 333f.)

Für den schließlichen Sieg der im »Manifest« aufgestellten Sätze verließ sich Marx einzig und allein auf die intellektuelle Entwicklung der Arbeiterklasse, wie die aus der vereinigten Aktion und der Diskussion notwendig hervorgehn mußte. Die Ereignisse und Wechselfälle im Kampf gegen das Kapital, die Niederlagen noch mehr als die Erfolge, konnten nicht umhin, den Kämpfenden die Unzulänglichkeit ihrer bisherigen Allerweltsheilmittel klarzulegen und ihre Köpfe empfänglicher zu machen für eine gründliche Einsicht in die wahren Bedingungen der Arbeiteremanzipation. Und Marx hatte recht.

Vorwort zum Manifest, 1890 (22, 56f.)

So teuer ihm [Marx] die Wissenschaft war, hat sie ihn dennoch nicht vollständig ausgefüllt. Niemand empfand reinere Freude als er, wenn ein neuer wissenschaftlicher Fortschritt erzielt wurde, gleichgültig, ob praktisch anwendbar oder nicht. Vor allem aber sah er in der Wissenschaft einen großen Hebel der Geschichte, eine revolutionäre Kraft im wahrsten Sinne des Wortes. Und in diesem Sinne wandte er jene gewaltigen Kenntnisse, speziell in der Geschichte, auf alle von ihm beherrschten Gebiete an.

Entwurf zur Grabrede für Karl Marx (19, 333)

Das »Manifest« hat einen eignen Lebenslauf gehabt.

Vorwort zum Manifest, 1890 (22, 56)

Seit 1867 versuchten die Anarchisten, mit den infamsten Mitteln, die Führung der Internationale zu erobern; das Haupthindernis in ihrem Wege war Marx. Das Ende des fünfjährigen Kampfes war, auf dem Haager Kongreß, September 1872, die Ausstoßung der Anarchisten aus der Internationale; und der Mann, der am meisten tat, diese Ausstoßung durchzusetzen, war Marx.

Zum Tode von Karl Marx (19, 345)

Und deswegen war Marx der bestgehaßte und bestverleumdete Mann seiner Zeit. Regierungen, absolute wie republikanische, wiesen ihn aus, Bourgeois, konservative wie extrem-demokratische, logen ihm um die Wette Verlästerungen nach. Er schob das alles beiseite wie Spinnweb, achtete dessen nicht, antwortete nur, wenn äußerster Zwang da war. Und er ist gestorben, verehrt, geliebt, betrauert von Millionen revolutionärer Mitarbeiter, die von den sibirischen Bergwerken an über ganz Europa und Amerika bis Kalifornien hin wohnen, und ich kann es kühn sagen: Er mochte noch manchen Gegner haben, aber kaum noch einen persönlichen Feind.

Das Begräbnis von Karl Marx (19, 336f.)

Die deutschen Zeitungsbesitzer waren kleinliche, ängstliche Spießbürger, und die »Rheinische Zeitung« führte den Kampf allein. Sie verbrauchte Zensor auf Zensor; endlich wurde sie doppelt zensiert, so daß nach der ersten Zensur der Regierungspräsident sie nochmals und endgültig zu zensieren hatte. Auch das half nichts. Anfangs 1843 erklärte die Regierung, mit dieser Zeitung sei nicht fertig zu werden und unterdrückte sie ohne weiteres.

Karl Marx (19, 96f.)

Das Studium der politischen Ökonomie und der Geschichte der großen Französischen Revolution ließ Marx immer noch Zeit zu gelegentlichen Angriffen auf die preußische Regierung; diese rächte sich, indem sie im Frühjahr 1845 bei dem Ministerium Guizot – Herr Alexander von Humboldt soll den Vermittler gespielt haben – seine Ausweisung aus Frankreich durchsetzte.

Karl Marx (19, 97)

Wie sehr sich auch die Verhältnisse in den letzten fünfundzwanzig Jahren geändert haben, die in diesem ›Manifest‹ entwickelten allgemeinen Grundsätze behalten im ganzen und großen auch heute noch ihre volle Richtigkeit. Einzelnes wäre hier und da zu bessern. Die praktische Anwendung dieser Grundsätze, erklärt das ›Manifest‹ selbst, wird überall und jederzeit von den geschichtlich vorliegenden Umständen abhängen, und wird deshalb durchaus kein besonderes Gewicht auf die am Ende von Abschnitt II vorgeschlagenen revolutionären Maßregeln gelegt.

Vorwort zum Manifest (18, 95)

Religion und Philosophie

Nun ist alle Religion nichts anderes als die phantastische Widerspiegelung, in den Köpfen der Menschen, derjenigen äußeren Mächte, die ihr alltägliches Dasein beherrschen, eine Widerspiegelung, in der die irdischen Mächte die Form von überirdischen annehmen. In den Anfängen der Geschichte sind es zunächst die Mächte der Natur, die diese Rückspiegelung erfahren und in der weiteren Entwicklung bei den verschiedenen Völkern die mannigfachsten und buntesten Personifikationen durchmachen.

Anti-Dühring (20, 294)

Das Christentum wurde, wie jede andere große revolutionäre Bewegung, von den Massen geschaffen. Es entstand in einer uns vollkommen unbekannten Art und Weise in Palästina zu einer Zeit, als neue Sekten, neue Religionen, neue Propheten zu Hunderten auftauchten. Tatsächlich handelt es sich nur um eine Durchschnittserscheinung, die sich spontan aus den gegenseitigen Reibereien der fortschrittlicheren dieser Sekten bildete und die nachher durch das Hinzukommen von Theoremen des alexandrinischen Juden Philo und später durch starke stoische Infiltrationen zu einer Lehre wurde. Wenn wir in der Tat Philo den geistigen Vater des Christentums nennen können, so war Seneca der Onkel. Ganze Absätze des Neuen Testaments scheinen fast wörtlich aus seinen Werken abgeschrieben zu sein; andererseits kann man Absätze in den Satiren von Persius finden, die aus dem damals ungeschriebenen Neuen Testament entnommen zu sein scheinen.

Das Buch der Offenbarung (21, 10f.)

Erst die wirkliche Erkenntnis der Naturkräfte vertreibt die Götter oder den Gott aus einer Position nach der anderen ... Dieser Prozeß jetzt so weit, daß er theoretisch als abgeschlossen angesehen werden kann.

Materialien zum Anti-Dühring (20, 582f.)

Bald treten neben den Naturmächten auch gesellschaftliche Mächte in Wirksamkeit ... Die Phantasiegestalten, in denen sich anfangs nur die geheimnisvollen Kräfte der Natur widerspiegelten, erhalten damit gesellschaftliche Attribute, werden Repräsentanten gesellschaftlicher Mächte.

Anti-Dühring (20, 294)

Es versteht sich, daß der ganze himmlische Hofstaat von Ältesten, Cherubim, Engeln und Heiligen nicht fehlt. Der Monotheismus, um eine Religion zu werden, hat von jeher dem Polytheismus Konzessionen machen müssen.

Zur Geschichte des Urchristentums (22, 471)

Auf einer noch weiteren Entwicklungsstufe werden sämtliche natürlichen und gesellschaftlichen Attribute der vielen Götter auf einen allmächtigen Gott übertragen, der selbst wieder nur der Reflex des abstrakten Menschen ist ... In dieser bequemen, handlichen und allem anpaßbaren Gestalt kann die Religion fortbestehen als unmittelbare, das heißt gefühlsmäßige Form des Verhaltens der Menschen zu den sie beherrschenden fremden, natürlichen und gesellschaftlichen Mächten, solange die Menschen unter der Herrschaft solcher Mächte stehen. Wir haben aber mehrfach gesehen, daß in der heutigen bürgerlichen Gesellschaft die Menschen von den von ihnen selbst geschaffenen ökonomischen Verhältnissen, von den von ihnen selbst produzierten Produktionsmitteln wie von einer fremden Macht beherrscht werden. Die tatsächliche Grundlage der religiösen Reflexion dauert also fort und mit ihr der religiöse Reflex selbst.

Anti-Dühring (20, 294)

Die großen Männer, die in Frankreich die Köpfe für die kommende Revolution klärten, traten selbst äußerst revolutionär auf. Sie erkannten keine äußere Autorität an, welcher Art sie auch sei. Religion, Naturanschauung, Gesellschaft, Staatsordnung, alles wurde der schonungslosesten Kritik unterworfen; alles sollte sein Dasein vor dem Richterstuhl der Vernunft rechtfertigen oder aufs Dasein verzichten. Der denkende Verstand wurde als alleiniger Maßstab an alles angelegt. Es war die Zeit, wo, wie Hegel sagt, die Welt auf den Kopf gestellt wurde.

Die Entwicklung des Sozialismus von der Utopie zur Wissenschaft (19, 189)

Luther fegte nicht nur den Augiasstall der Kirche, sondern auch den der deutschen Sprache aus, schuf die moderne deutsche Prosa und dichtete Text und Melodie jenes siegesgewissen Chorals, der die Marseillaise des 16. Jahrhunderts wurde. Die Heroen jener Zeit waren eben noch nicht unter die Teilung der Arbeit geknechtet, deren beschränkende, einseitig machende Wirkungen wir so oft an ihren Nachfolgern verspüren.

Dialektik der Natur – Einleitung (21, 312)

Das Christentum ergriff die Massen genauso, wie es der moderne Sozialismus tut, in Gestalt mannigfaltiger Sekten und noch mehr durch widersprechende individuelle Meinungen – manche klarer, manche verwirrter, wobei die letzteren die große Mehrheit bildeten –, aber alle sind dem herrschenden System, »den bestehenden Mächten«, feindlich gesinnt.

Das Buch der Offenbarung (21, 9f.)

Die große Grundfrage aller, speziell neueren Philosophie ist die nach dem Verhältnis von Denken und Sein. Seit der sehr frühen Zeit, wo die Menschen, noch in gänzlicher Unwissenheit über ihren eigenen Körperbau und angeregt durch Traumerscheinungen, auf die Vorstellung kamen, ihr Denken und Empfinden sei nicht eine Tätigkeit ihres Körpers, sondern einer besonderen, in diesem Körper wohnenden und ihn beim Tode verlassenden Seele – seit dieser Zeit mußten sie über das Verhältnis dieser Seele zur äußern Welt sich Gedanken machen. Wenn sie im Tod sich vom Körper trennte, fortlebte, so lag kein Anlaß vor, ihr noch einen besondren Tod anzudichten; so entstand die Vorstellung von ihrer Unsterblichkeit, die auf jener Entwicklungsstufe keineswegs als ein Trost erscheint, sondern als ein Schicksal, wogegen man nicht ankann, und oft genug, wie bei den Griechen, als ein positives Unglück. Nicht das religiöse Trostbedürfnis, sondern die aus gleich allgemeiner Beschränktheit hervorwachsende Verlegenheit, was mit der einmal angenommenen Seele, nach dem Tod des Körpers, anzufangen, führte allgemein zu der langweiligen Einbildung von der persönlichen Unsterblichkeit. Auf ganz ähnlichem Weg entstanden, durch Personifikation der Naturmächte, die ersten Götter, die in der weitern Ausbildung der Religionen eine mehr und mehr außerweltliche Gestalt annahmen, bis endlich durch einen im Verlauf der geistigen Entwicklung sich naturgemäß einstellenden Abstraktions-, ich möchte fast sagen Destillationsprozeß aus den vielen, mehr oder minder beschränkten und sich gegenseitig beschränkenden Göttern die Vorstellung von dem einen ausschließlichen Gott der monotheistischen Religionen in den Köpfen der Menschen entstand.

Ludwig Feuerbach und der Ausgang der klassischen deutschen Philosophie (21, 274f.)

Atheist zu sein, ist heutzutage glücklicherweise keine Kunst mehr. ... Von den deutschen sozialdemokratischen Arbeitern kann man sogar sagen, daß der Atheismus bei ihnen sich schon überlebt hat; dies rein negative Wort hat auf sie keine Anwendung mehr, indem sie nicht mehr in einem theoretischen, sondern nur noch in einem praktischen Gegensatz zum Gottesglauben stehen: Sie sind mit Gott einfach fertig, sie leben und denken in der wirklichen Welt und sind daher Materialisten. ... Aber das kann unseren Anarchisten nicht passen. Um zu beweisen, daß sie die Allerradikalsten sind, wird Gott, wie 1793, durch Dekret abgeschafft: »In der Kommune ist kein Platz für den Pfaffen; jede religiöse Kundgebung, jede religiöse Organisation muß verboten werden.« Und diese Forderung, die Leute per Befehl von oben in Atheisten zu verwandeln, ist unterzeichnet von zwei Mitgliedern der Kommune, die doch wahrlich Gelegenheit genug hatten, zu erfahren, daß erstens man ungeheuer viel auf dem Papier befehlen kann, ohne daß es darum ausgeführt zu werden braucht, und zweitens, daß Verfolgungen das beste Mittel sind, mißliebige Überzeugungen zu befördern! Soviel ist sicher: Der einzige Dienst, den man Gott heutzutage noch tun kann, ist der, den Atheismus zum zwangsmäßigen Glaubensartikel zu erklären.

Flüchtlingsliteratur (18, 531f.)

Diejenigen, die die Ursprünglichkeit des Geistes gegenüber der Natur behaupteten, also in letzter Instanz eine Weltschöpfung irgendeiner Art annahmen – und diese Schöpfung ist oft bei den Philosophen, z.B. bei Hegel, noch weit verzwickter und unmöglicher als im Christentum –, bildeten das Lager des Idealismus. Die andern, die die Natur als das Ursprüngliche ansahen, gehören zu den verschiednen Schulen des Materialismus.

Ludwig Feuerbach und der Ausgang der klassischen deutschen Philosophie (21, 275)

Für den Metaphysiker sind die Dinge und ihre Gedankenabbilder, die Begriffe, vereinzelte, eins nach dem andern und ohne das andre zu betrachtende, feste, starre, ein für allemal gegebne Gegenstände der Untersuchung. Er denkt in lauter unvermittelten Gegensätzen; seine Rede ist ja, ja, nein, nein, was darüber ist, das ist vom Übel. Für ihn existiert ein Ding entweder, oder es existiert nicht: Ein Ding kann ebensowenig zugleich es selbst und ein andres sein. Positiv und negativ schließen einander absolut aus; Ursache und Wirkung stehn ebenso in starrem Gegensatz zueinander. Diese Denkweise erscheint uns auf den ersten Blick deswegen äußerst einleuchtend, weil sie diejenige des sogenannten gesunden Menschenverstands ist. Allein der gesunde Menschenverstand, ein so respektabler Geselle er auch in dem hausbacknen Gebiet seiner vier Wände ist, erlebt ganz wunderbare Abenteuer, sobald er sich in die weite Welt der Forschung wagt.

Die Entwicklung des Sozialismus von der Utopie zur Wissenschaft (19, 203f.)

Der Philister versteht unter Materialismus Fressen, Saufen, Augenlust, Fleischeslust und hoffärtiges Wesen, Geldgier, Geiz, Habsucht, Profitmacherei und Börsenschwindel, kurz alle die schmierigen Laster, denen er selbst im stillen frönt; und unter Idealismus den Glauben an Tugend, allgemeine Menschenliebe und überhaupt die »bessere Welt«, womit er vor andern renommiert, woran er selbst aber höchstens glaubt, so lange er den auf seine gewohnheitsmäßigen »materialistischen« Exzesse notwendig folgenden Katzenjammer oder Bankerott durchzumachen pflegt und dazu sein Lieblingslied singt: Was ist der Mensch – halb Tier, halb Engel.

Ludwig Feuerbach und der Ausgang der klassischen deutschen Philosophie (21, 282)

Ihren Abschluß fand diese neuere deutsche Philosophie im Hegelschen System, worin zum erstenmal – und das ist sein großes Verdienst – die ganze natürliche, geschichtliche und geistige Welt als ein Prozeß, d.h. als in steter Bewegung, Veränderung, Umbildung und Entwicklung begriffen, dargestellt und der Versuch gemacht wurde, den innern Zusammenhang in dieser Bewegung und Entwicklung nachzuweisen. Von diesem Gesichtspunkt aus erschien die Geschichte der Menschheit nicht mehr als ein wüstes Gewirr sinnloser Gewalttätigkeiten, die vor dem Richterstuhl der jetzt gereiften Philosophenvernunft alle gleich verwerflich sind und die man am besten so rasch wie möglich vergißt, sondern als der Entwicklungsprozeß der Menschheit selbst, dessen allmählichen Stufengang durch alle Irrwege zu verfolgen und dessen innere Gesetzmäßigkeit durch alle scheinbaren Zufälligkeiten hindurch nachzuweisen jetzt die Aufgabe des Denkens wurde. Daß das Hegelsche System die Aufgabe nicht löste, die es sich gestellt, ist hier gleichgültig. Sein epochemachendes Verdienst war, sie gestellt zu haben. Es ist eben eine Aufgabe, die kein einzelner je wird lösen können.

Die Entwicklung des Sozialismus von der Utopie zur Wissenschaft (19, 206)

Wenn die Metaphysik den Griechen gegenüber im einzelnen recht behielt, so behielten die Griechen gegenüber der Metaphysik recht im ganzen und großen. Dies ist der eine Grund, weshalb wir genötigt werden, in der Philosophie wie auf so vielen andern Gebieten, immer wieder zurückzukehren zu den Leistungen jenes kleinen Volks, dessen universelle Begabung und Betätigung ihm einen Platz in der Entwicklungsgeschichte der Menschheit gesichert hat, wie kein andres Volk ihn je beanspruchen kann. Der andre Grund aber ist der, daß in den mannigfachen Formen der griechischen Philosophie sich fast alle späteren Anschauungsweisen bereits im Keim, im Entstehen vorfinden.

Dialektik der Natur – Über die Dialektik (20, 333)

Das theoretische Denken ist aber nur der Anlage nach eine angeborne Eigenschaft. Diese Anlage muß entwickelt, ausgebildet werden, und für diese Ausbildung gibt es bis jetzt kein andres Mittel als das Studium der bisherigen Philosophie.

Dialektik der Natur – Über die Dialektik (20, 330)

Sobald an jede einzelne Wissenschaft die Forderung herantritt, über ihre Stellung im Gesamtzusammenhang der Dinge und der Kenntnis von den Dingen sich klarzuwerden, ist jede besondre Wissenschaft vom Gesamtzusammenhang überflüssig. Was von der ganzen bisherigen Philosophie dann noch selbständig bestehenbleibt, ist die Lehre vom Denken und seinen Gesetzen – die formelle Logik und die Dialektik. Alles andre geht auf in die positive Wissenschaft von Natur und Geschichte.

Die Entwicklung des Sozialismus von der Utopie zur Wissenschaft (19, 207)

Seit einiger Zeit schießen in Deutschland die philosophischen, namentlich die naturphilosophischen Systeme über Nacht zu Dutzenden auf wie die Pilze, von den zahllosen neuen Systemen der Politik, der Ökonomie usw. gar nicht zu sprechen. Wie im modernen Staat vorausgesetzt wird, daß jeder Staatsbürger über alle die Fragen urteilsreif ist, über die abzustimmen er berufen, wie in der Ökonomie angenommen wird, daß jeder Käufer auch ein Kenner aller derjenigen Waren ist, die er zu seinem Lebensunterhalt einzukaufen in den Fall kommt – so soll es jetzt auch in der Wissenschaft gehalten werden. Jeder kann über alles schreiben, und darin besteht grade die »Freiheit der Wissenschaft«, daß man erst recht über das schreibt, was man nicht gelernt hat, und daß man dies für die einzige streng wissenschaftliche Methode ausgibt.

Dialektik der Natur – Über die Dialektik (20, 328f.)

Auf den Universitäten machten sich die verschiedensten Sorten von Eklektizismus Konkurrenz, die nur darin übereinstimmten, daß sie aus lauter Abfällen vergangner Philosophien zusammengestutzt und alle gleich metaphysisch waren. Von den Resten der klassischen Philosophie rettete sich nur ein gewisser Neukantianismus, dessen letztes Wort das ewig unerkennbare Ding an sich war, also das Stück Kant, das am wenigsten verdiente, aufbewahrt zu werden. Das Endresultat war die jetzt herrschende Zerfahrenheit und Verworrenheit des theoretischen Denkens.

Dialektik der Natur – Über die Dialektik (20, 328)

Die Frage nach dem Verhältnis des Denkens zum Sein, des Geistes zur Natur, die höchste Frage der gesamten Philosophie hat also, nicht minder als alle Religion, ihre Wurzel in den bornierten und unwissenden Vorstellungen des Wildheitszustands. Aber in ihrer vollen Schärfe konnte sie erst gestellt werden, ihre ganze Bedeutung konnte sie erst erlangen, als die europäische Menschheit aus dem langen Winterschlaf des christlichen Mittelalters erwachte. Die Frage nach der Stellung des Denkens zum Sein, die übrigens auch in der Scholastik des Mittelalters ihre große Rolle gespielt, die Frage: Was ist das Ursprüngliche, der Geist oder die Natur? – diese Frage spitzte sich, der Kirche gegenüber, dahin zu: Hat Gott die Welt erschaffen, oder ist die Welt von Ewigkeit da?

Ludwig Feuerbach und der Ausgang der klassischen deutschen Philosophie (21, 275)

Die Naturforscher glauben sich von der Philosophie zu befreien, indem sie sie ignorieren oder über sie schimpfen. Da sie aber ohne Denken nicht vorankommen und zum Denken Denkbestimmungen nötig haben, diese Kategorien aber unbesehn aus dem von den Resten längst vergangner Philosophien beherrschten gemeinen Bewußtsein der sog. Gebildeten oder aus dem bißchen auf der Universität zwangsmäßig gehörter Philosophie (was nicht nur fragmentarisch, sondern auch ein Wirrwarr der Ansichten von Leuten der verschiedensten und meist schlechtesten Schulen ist) oder aus unkritischer und unsystematischer Lektüre philosophischer Schriften aller Art nehmen, so stehn sie nicht minder in der Knechtschaft der Philosophie, meist aber leider der schlechtesten, und die, die am meisten auf die Philosophie schimpfen, sind Sklaven grade der schlechtesten vulgarisierten Reste der schlechtesten Philosophien.

Dialektik der Natur (20, 307)

Es ist aber neuerdings, seit Bismarck sich aufs Verstaatlichen geworfen, ein gewisser falscher Sozialismus aufgetreten ..., der *jede* Verstaatlichung, selbst die Bismarcksche, ohne weiteres für sozialistisch erklärt. Allerdings, wäre die Verstaatlichung des Tabaks sozialistisch, so zählten Napoleon und Metternich mit unter den Gründern des Sozialismus. Wenn der belgische Staat aus ganz alltäglichen politischen und finanziellen Gründen seine Haupteisenbahnen selbst baute, wenn Bismarck ohne jede ökonomische Notwendigkeit die Hauptbahnlinien Preußens verstaatlichte, einfach, um sie für den Kriegsfall besser einrichten und ausnützen zu können, um die Eisenbahnbeamten zu Regierungsstimmvieh zu erziehn und hauptsächlich, um sich eine neue, von Parlamentsbeschlüssen unabhängige Einkommensquelle zu verschaffen – so waren das keineswegs sozialistische Schritte ... Sonst wären auch die königliche Seehandlung, die königliche Porzellanmanufaktur und sogar der Kompanieschneider beim Militär sozialistische Einrichtungen oder gar die unter Friedrich Wilhelm III. in den dreißiger Jahren alles Ernstes von einem Schlaumeier vorgeschlagene Verstaatlichung der – Bordelle.

Die Entwicklung des Sozialismus von der Utopie zur Wissenschaft (19, 221)

Die revolutionären Arbeiter der romanischen Länder hatten sich angewöhnt, das Stimmrecht als einen Fallstrick, als ein Instrument der Regierungsprellerei anzusehn. In Deutschland war das anders. Schon das »Kommunistische Manifest« hatte die Erkämpfung des allgemeinen Wahlrechts, der Demokratie, als eine der ersten und wichtigsten Aufgaben des streitbaren Proletariats proklamiert, und Lassalle hatte diesen Punkt wieder aufgenommen. Als nun Bismarck sich genötigt sah, dies Wahlrecht einzuführen als einziges Mittel, die Volksmassen für seine Pläne zu interessieren, da machten unsere Arbeiter sofort Ernst damit und sandten August Bebel in den ersten konstituierenden Reichstag. Und von dem Tage an haben sie das Wahlrecht benutzt in einer Weise, die sich ihnen tausendfach gelohnt und die den Arbeitern aller Länder als Vorbild gedient hat. Sie haben das Wahlrecht, in den Worten des französischen marxistischen Programms, *transformé, de moyen de duperie qu'il a été jusqu'ici, en instrument d'émancipation* – es verwandelt aus einem Mittel der Prellerei, was es bisher war, in ein Werkzeug der Befreiung. Und wenn das allgemeine Wahlrecht keinen anderen Gewinn geboten hätte, als daß es uns erlaubte, uns alle drei Jahre zu zählen; daß es durch die regelmäßig konstatierte, unerwartet rasche Steigerung der Stimmenzahl in gleichem Maße die Siegesgewißheit der Arbeiter wie den Schrecken der Gegner steigerte und so unser bestes Propagandamittel wurde; daß es uns genau unterrichtete über unsere eigene Stärke wie über die aller gegnerischen Parteien und uns dadurch einen Maßstab für die Proportionierung unserer Aktion lieferte, wie es keinen zweiten gibt – uns vor unzeitiger Zaghaftigkeit ebensosehr bewahrte wie vor unzeitiger Tollkühnheit –, wenn das der einzige Gewinn wäre, den wir vom Stimmrecht haben, dann wäre es schon über und übergenug. Aber es hat noch viel mehr getan. In der Wahlagitation lieferte es uns ein Mittel, wie es kein zweites gibt, um mit den Volksmassen da, wo sie uns noch ferne stehen, in Berührung zu kommen, alle Parteien zu zwingen, ihre Ansichten und Handlungen unseren Angriffen gegenüber vor allem Volk zu verteidigen; und dazu eröffnete es unseren Vertretern im Reichstag eine Tribüne, von der herab sie mit ganz anderer Autorität und Freiheit zu ihren Gegnern im Parlament wie zu den Massen draußen sprechen konnten als in der Presse und in Versammlungen.

Einleitung zu »Klassenkämpfe in Frankreich« (22, 518f.)

Was nun? Eine neue Majorität für das alte System zusammenstümpern? Oh, die Lust dazu wäre schon da, und nicht nur bei der Regierung. Unter den Freisinnigen gibt's Angstmeier genug, die lieber selbst Kartell spielen, als die bösen Sozialdemokraten aufkommen lassen – die mit Friedrich III. zu Grabe getragenen Regierungsfähigkeits-Träume pochen schon wieder an den Sargdeckel. Aber die Regierung kann den Freisinn nicht brauchen, noch ist er nicht reif zur Allianz mit den ostelbischen Junkern, und die sind ja die wichtigste Klasse im Reich!

Was nun? (22, 8f.)

Die Bourgeoisie ist bestürzt bei jeder neuen Reichstagswahl über das unaufhaltsame Anschwellen der sozialdemokratischen Stimmen, sie fragt: Woher kommt das? Ja, hätte sie einigen Verstand, so müßte sie sehn, daß dies ihr eigenes Werk ist! So ist es gekommen, daß die deutsche Sozialdemokratie die einigste, die geschlossenste, die stärkste in der ganzen Welt ist und von Sieg zu Sieg schreitet dank der Ruhe, der Disziplin und dem guten Humor, womit sie ihre Kämpfe führt.

Rede auf einer sozialdemokratischen Versammlung in Berlin (22, 413)

Einstweilen machen sie neue Gesetze gegen den Umsturz. Es ist wieder alles auf den Kopf gestellt. Diese Fanatiker des Anti-Umsturzes von heute, sind sie nicht selbst die Umstürzer von gestern? Haben *wir* etwa den

Bürgerkrieg von 1866 heraufbeschworen? Haben *wir* den König von Hannover, den Kurfürsten von Hessen, den Herzog von Nassau aus ihren angestammten, legitimen Erblanden vertrieben und diese Erblande annektiert? Und diese Umstürzer des Deutschen Bundes und dreier Kronen von Gottes Gnaden beklagen sich über Umsturz?

Einleitung zu »Klassenkämpfe in Frankreich« (22, 525)

Mit der Unwiderstehlichkeit eines Naturprozesses ist der Zuwachs der sozialdemokratischen Stimmen bei jeder Neuwahl vor sich gegangen; Vergewaltigung, Polizeiwillkür, richterliche Niedertracht, alles prallte wirkungslos ab, vorwärts und immer rascher vorwärts bewegte sich die stets anschwellende Angriffskolonne, bis sie jetzt dasteht, die zweitstärkste Partei im Reich. Und da sollten die deutschen Arbeiter sich ihr eigenes Spiel verderben, indem sie sich zu einem aussichtslosen Putsch verleiten ließen, einzig und allein, um Bismarck aus der Todesnot zu erretten? In dem Augenblick, wo ihre eigene, über alles Lob erhabene Tapferkeit unterstützt wird durch das Zusammenwirken aller äußeren Umstände, wo die ganze gesellschaftliche und politische Lage, wo sogar alle ihre Feinde für die Sozialdemokratie arbeiten müssen, als würden sie von ihr bezahlt – in dem Augenblick sollte die Disziplin, die

Selbstbeherrschung versagen und wir selbst uns in das vorgehaltene Schwert stürzen? Nimmermehr. Dazu hat das Sozialistengesetz unsere Arbeiter zu gut eingeschult, dazu haben wir viel zuviel alte Soldaten in unsern Reihen, und unter ihnen zu viele, die Gewehr bei Fuß im Kugelregen ausharren gelernt haben, bis der Augenblick reif für den Angriff.

Was nun? (22, 10)

Überall hat man das deutsche Beispiel der Benutzung des Wahlrechts, der Eroberung aller uns zugänglichen Posten, nachgeahmt, überall ist das unvorbereitete Losschlagen in den Hintergrund getreten. In Frankreich, wo doch der Boden seit über hundert Jahren durch Revolution auf Revolution unterwühlt ist, wo es keine einzige Partei gibt, die nicht in Konspirationen, Aufständen und allen anderen revolutionären Aktionen das ihrige geleistet hätte; in Frankreich, wo infolgedessen die Armee der Regierung keineswegs sicher ist und wo überhaupt die Umstände für einen insurrektionellen Handstreich weit günstiger liegen als in Deutschland – selbst in Frankreich sehen die Sozialisten mehr und mehr ein, daß für sie kein dauernder Sieg möglich ist, es sei denn, sie gewinnen vorher die große Masse des Volks, d.h. hier die Bauern. Langsame Arbeit der Propaganda und parlamentarische Tätigkeit sind auch hier als nächste Aufgabe der Partei erkannt. Die Erfolge blieben nicht aus.

Einleitung zu »Klassenkämpfe in Frankreich« (22, 523f.)

Endlich deckten wir den parlamentarischen Kretinismus (wie Marx es nannte) der verschiedenen sogenannten Nationalversammlungen auf. Diese Herren hatten sich alle Machtmittel entschlüpfen lassen, sie zum Teil freiwillig wieder den Regierungen überliefert. Neben neugestärkten, reaktionären Regierungen standen in Berlin wie in Frankfurt machtlose Versammlungen, die trotzdem sich einbildeten, ihre ohnmächtigen Beschlüsse würden die Welt aus den Angeln heben. Bis auf die äußerste Linke herrschte diese kretinhafte Selbsttäuschung. Wir riefen ihnen zu: ihr parlamentarischer Sieg werde zusammenfallen mit ihrer wirklichen Niederlage.

Marx und die »Neue Rheinische Zeitung« (21, 21)

Wir, die »Revolutionäre«, die »Umstürzler«, wir gedeihen weit besser bei den gesetzlichen Mitteln als bei den ungesetzlichen und dem Umsturz. Die Ordnungsparteien, wie sie sich nennen, gehen zugrunde an dem von ihnen selbst geschaffenen gesetzlichen Zustand. Sie rufen verzweifelt mit Odilon Barrot: la légalité nous tue, die Gesetzlichkeit ist unser Tod, während wir bei dieser Gesetzlichkeit pralle Muskeln und rote Backen bekommen und aussehen wie das ewige Leben. Und wenn *wir* nicht so wahnsinnig sind, ihnen zu Gefallen uns in den Straßenkampf treiben zu lassen, dann bleibt ihnen zuletzt nichts anderes, als selbst diese ihnen so fatale Gesetzlichkeit zu durchbrechen.

Einleitung zu »Klassenkämpfe in Frankreich« (22, 525)

Wir stellten 391 Kandidaten auf und ließen uns mit keiner anderen Partei auf Vereinbarungen ein. Hätten wir so etwas gewollt, hätten wir zwanzig oder dreißig Sitze mehr erhalten können, aber wir lehnten standhaft jeglichen Kompromiß ab, und gerade das ist es, was unsere Position so stark macht. Keiner unserer Leute ist verpflichtet, irgendeine Partei oder irgendeine Maßnahme zu unterstützen, ausgenommen unser eigenes Parteiprogramm.

Interview, »The Daily Chronicle« (22, 544)

Wenn unsere Partei weiterhin so anwächst wie bisher, werden wir zwischen 1900 und 1910 die Mehrheit haben. Und wenn das der Fall ist, so können Sie überzeugt sein, daß es uns weder an Ideen mangeln wird noch an Menschen, um sie auszuführen. [...] Wir glauben nicht an die Durchdringung der bürgerlichen Parteien. Wir durchdringen das Volk.

Interview, »The Daily Chronicle« (22, 548)

Wir stehen in Opposition zu allen anderen politischen Parteien und werden sie alle bekämpfen. Die englische Social Democratic Federation ist nur eine kleine Sekte und handelt auch so. Sie ist ein exklusiver Verein. Sie hat es nicht verstanden, die Führung der gesamten Arbeiterbewegung zu übernehmen und sie auf den Sozialismus zu orientieren. Sie hat den Marxismus in eine Orthodoxie verwandelt. So hat sie von John Burns verlangt, beim Dockerstreik die rote Fahne zu hissen, wo doch eine solche Maßnahme die ganze Bewegung zugrunde gerichtet und die Dockarbeiter, statt sie zu gewinnen, in die Arme der Kapitalisten zurückgetrieben hätte. So etwas machen wir nicht. Dennoch ist unser Programm ein rein sozialistisches Programm. Unsere erste Forderung ist die Sozialisierung aller Produktionsmittel und Produktionsinstrumente. Zwar akzeptieren wir alles, was uns irgendeine Regierung gibt, aber nur als Abschlagszahlung, für die wir keinen Dank schulden. Wir stimmen immer gegen das Budget und gegen jede Forderung von Geld oder Menschen für die Armee. In Wahlbezirken, wo wir keinen Kandidaten für den zweiten Wahlgang hatten, wurden unsere Anhänger angewiesen, nur für jene Kandidaten zu stimmen, die sich verpflichteten, gegen die Militärvorlage, gegen jede Steuererhöhung und jede Einschränkung der Volksrechte aufzutreten.

Interview, »The Daily Chronicle« (22, 545f.)

Im Allgemeinen jedoch ist die ›reine Demokratie‹ … korrektester Ausdruck des Kleinbürgers. Sein politischer Beruf ist der, die Bourgeoisie in ihrem Kampf gegen die Reste der alten Gesellschaft und namentlich gegen ihre eigene Schwäche und Feigheit voranzutreiben und diejenigen Freiheiten erkämpfen zu helfen – Pressefreiheit, Vereins- und Versammlungsfreiheit, allgemeines Wahlrecht, lokale Selbstregierung –, ohne welche … eine schüchterne Bourgeoisie wohl auskommen kann, ohne welche die Arbeiter aber nie ihre Emanzipation erobern können.

Preußische Militärfrage (16, 68)

Mit dieser erfolgreichen Benutzung des allgemeinen Stimmrechts war aber eine ganz neue Kampfweise des Proletariats in Wirksamkeit getreten, und diese bildete sich rasch weiter aus. Man fand, daß die Staatseinrichtungen, in denen die Herrschaft der Bourgeoisie sich organisiert, noch weitere Handhaben bieten, vermittelst deren die Arbeiterklasse diese selben Staatseinrichtungen bekämpfen kann. Man beteiligte sich an den Wahlen für Einzellandtage, Gemeinderäte, Gewerbegerichte, man machte der Bourgeoisie jeden Posten streitig, bei dessen Besetzung ein genügender Teil des Proletariats mitsprach. Und so geschah es, daß Bourgeoisie und Regierung dahin kamen, sich weit mehr zu fürchten vor der gesetzlichen als vor der ungesetzlichen Aktion der Arbeiterpartei, vor den Erfolgen der Wahl als vor denen der Rebellion.

Einleitung zu »Klassenkämpfe in Frankreich« (22, 519)

Eine Partei, die nach Millionen zählt, aus der Welt schießen, dazu reichen alle Magazingewehre von Europa und Amerika nicht hin.

Einleitung zu »Klassenkämpfe in Frankreich« (22, 525)

Wir würden nicht so närrisch sein, in die Falle zu gehen, die uns die Regierung stellt, denn die deutsche Regierung wünscht nichts sehnlicher als einen Aufstand, um uns vernichten zu können. Wir kennen den gegenwärtigen Stand unserer Kräfte und den der Regierung zu gut, um leichtfertig eine solche Partie zu wagen. Übrigens, würde Wilhelm II. es wagen, das allgemeine Wahlrecht *vollständig* zu unterdrücken? Das glaube ich nicht. Vielleicht wird er die Altersgrenze für die Wähler heraufsetzen und uns ein *revidiertes und korrigiertes* allgemeines Wahlrecht bescheren.

Interview, »Le Figaro« (22, 539)

Ich kann darin [in den jüngsten Attentaten in Paris] nur das Werk von agents provocateurs sehen, die dafür bezahlt werden, daß sie versuchen, die Parteien, in denen sie eine Rolle spielen, in Mißkredit zu bringen. Die Regierung hat das größte Interesse an diesen Explosionen, die zugleich den Interessen der Bourgeoisie im allgemeinen und den Intrigen gewisser politischer Gruppen im besonderen dienen. Was man tatsächlich will, ist folgendes – die Bevölkerung erschrecken, den Terror organisieren und damit eine Reaktion herbeiführen.

Interview, »L'Éclair« (22, 533)

Hier herrscht eine Finanz-, Börsen-, Industrie- und Handelskrisis ohnegleichen. Der Commerce jammert arbeitlos auf dem Café Suisse herum, die Herren Kauwerz, Lauff und Konsorten schleichen umher wie bepißte Pudel, die Arbeiter haben sich zusammengerottet und petitioniert, große Brotnot allgemein. Bares Geld nirgends zu haben.

Brief an Marx, 18. März 1848

Einerseits reformiert die Regierung die Gesetze im Schneckengalopp im Interesse der Bourgeoisie, beseitigt die feudalen und aus der Kleinstaaterei entstandenen Hindernisse der Industrie, schafft Münz-, Maß- und Gewichtseinheit, Gewerbefreiheit usw., stellt dem Kapital durch die Freizügigkeit die Arbeitskraft Deutschlands zur unbeschränkten Verfügung, begünstigt Handel und Schwindel; andrerseits überläßt die Bourgeoisie der Regierung alle wirkliche politische Macht, votiert Steuern, Anleihen und Soldaten und hilft alle neuen Reformgesetze so abfassen, daß die alte Polizeigewalt über mißliebige Individuen in voller Kraft bleibt. Die Bourgeoisie erkauft ihre allmähliche gesellschaftliche Emanzipation mit dem sofortigen Verzicht auf eigene politische Macht. Natürlich ist der Hauptbeweggrund, der der Bourgeoisie einen solchen Vertrag annehmbar macht, nicht Furcht vor der Regierung, sondern Furcht vor dem Proletariat.

Der deutsche Bauernkrieg (18, 514)

Das erste Tagblatt bezeichnet überall einen epochemachenden Fortschritt im Leben einer Partei, besonders einer Arbeiterpartei! Es ist die erste Position, von der aus sie wenigstens auf dem Gebiete der Presse ihre Gegner mit gleichen Waffen bekämpfen kann. Diese Position habt Ihr Euch erobert; jetzt geht's um die zweite: das Wahlrecht, das Parlament.

Grußadresse an die österreichischen Arbeiter (22, 508)

Die Finanzen sind zerrüttet bis aufs äußerste. Die Steuerschraube versagt den Dienst, die Zinsen der alten Staatsschulden werden bezahlt mit neuen Anleihen, und jede neue Anleihe stößt auf größere Schwierigkeiten.

Flüchtlingsliteratur (18, 567)

Die hiesige Bewegung resümiert sich dahin: In den Massen geht der instinktmäßige Fortschritt seinen Gang, die Tendenz wird eingehalten; sowie es aber dahin kommt, diesem Instinkt und dieser triebmäßigen Tendenz bewußten Ausdruck zu geben, geschieht dies durch die Sektenführer in einer so dummen und bornierten Weise, daß man rechts und links Ohrfeigen austeilen möchte.

Brief an Victor Adler in Wien (39, 437f.)

Die Abschaffung des Staats, die Anarchie ist inzwischen in Deutschland ein allgemeines Stichwort geworden. Die versprengten deutschen Schüler Proudhons, die Berliner »höhere« Demokratie und sogar die verschollenen »edelsten Geister der Nation« aus dem Stuttgarter Parlament und der Reichsregentschaft haben sich, jeder in seiner Weise, dies wildaussehende Stichwort angeeignet.
Alle diese Fraktionen stimmen in der Aufrechterhaltung der bestehenden bürgerlichen Gesellschaft überein. Mit der bürgerlichen Gesellschaft vertreten sie daher notwendig die Herrschaft der Bourgeoisie und

in Deutschland sogar die Eroberung der Herrschaft durch die Bourgeoisie; sie unterscheiden sich von den wirklichen Vertretern der Bourgeoisie nur durch die fremdartige Form, die ihnen den Schein des »Weitergehens«, des »am allerweitesten Gehens« gibt. In allen praktischen Kollisionen verschwand dieser Schein; gegenüber der wirklichen Anarchie revolutionärer Krisen, wo die Staatsmacht vor der Macht der Massen verschwand, wo die Massen sich der Gewalt bemächtigen, taten diese Vertreter der Anarchie jedesmal ihr möglichstes, um der Anarchie zu steuern. Der Inhalt dieser vielgerühmten »Anarchie« lief schließlich auf denselben hinaus, den man in entwickelteren Ländern mit dem Wort »Ordnung« ausdrückt.

Über die Losung der Abschaffung des Staates und die deutschen »Freunde der Anarchie« (7, 417f.)

Wir hören von Fortschritten des Sozialismus in allen Teilen Deutschlands, aber von Berlin keine Spur. Diese superklugen Berliner werden sich noch eine Démocratie pacifique auf der Hasenheide etablieren, wenn ganz Deutschland das Eigentum abschafft – weiter bringen die Kerle es gewiß nicht.

Brief an Marx, Nr. 2, 19. November 1844

Revolutionärer Kampf

Die Wortführer der Arbeiterklasse haben sich bisher in der Regel darauf verlegt, den Argumenten der freihändlerischen Bourgeoisie, der sogenannten »Manchesterschule«, bloß Entrüstungsausbrüche über den unmoralischen und schamlos-selbstsüchtigen Charakter ihrer Lehren entgegenzusetzen. Der von einer hochmütigen Klasse geldgieriger Fabrikherren bis zum äußersten geschundene, mit Füßen getretene, physisch zerrüttete und geistig erschöpfte Arbeiter würde auch sicherlich sein Schicksal verdienen, geriete nicht sein Blut in Wallung, wenn ihm in ganz unverfrorener Weise erklärt wird, daß er in alle Ewigkeit dazu verdammt sei, als ein Teil der Maschinerie zu dienen, gebraucht und mißbraucht zu werden, wie es seinem Herrn beliebt, zum größeren Ruhme und zur rascheren Akkumulation des Kapitals, und daß nur unter dieser Bedingung die »Überlegenheit seines Landes« und die Existenz der Arbeiterklasse selbst forterhalten werden könne. Ohne dies Gefühl leidenschaftlicher, revolutionärer Entrüstung wäre die Sache der proletarischen Emanzipation hoffnungslos. [...] In allen Geschichtsperioden ist die große Mehrheit des Volkes in der einen oder anderen Form nur Werkzeug der Bereicherung der wenigen Privilegierten gewesen. Jedoch wurde in allen früheren Zeiten dies blutsaugerische System unter dem Deckmantel von mannigfaltigen moralischen, religiösen und politischen Vorwänden ausgeübt: Pfarrer, Philosophen, Juristen und Staatsmänner erzählten dem Volke, daß es zu seinem eigenen Besten und weil Gott es so gewollt habe, dem Hunger und Elend überliefert worden sei. Jetzt dagegen erklären die Freihändler offen: Ihr Arbeiter seid Sklaven und sollt Sklaven bleiben, weil wir nur auf Grund eurer Sklaverei unseren Reichtum und unser Wohlergehen steigern können, weil wir, die herrschende Klasse dieses Landes, nicht fortfahren können zu herrschen, ohne daß ihr Sklaven seid. So ist denn das Geheimnis der Unterdrückung endlich gelüftet; dank den Freihändlern kann das Volk jetzt endlich seine Lage deutlich erkennen, jetzt ist die Frage endlich klar und unmißverständlich gestellt: Entweder wir oder ihr!

Die Zehnstundenfrage (7, 226f.)

Es sind nun fast aufs Jahr 1.600 Jahre, da wirtschaftete im Römischen Reich ebenfalls eine gefährliche Umsturzpartei [wie die revolutionäre Soziademokratie]. Sie untergrub die Religion und alle Grundlagen des Staates; sie leugnete geradezu, daß des Kaisers Wille das höchste Gesetz, sie war vaterlandslos, international, sie breitete sich aus über alle Reichslande von Gallien bis Asien und über die Reichsgrenzen hinaus. Sie hatte lange unterirdisch, im verborgenen gewühlt; sie hielt sich aber schon seit längerer Zeit stark genug, offen ans Licht zu treten. Diese Umsturzpartei, die unter dem Namen der Christen bekannt war, hatte auch ihre starke Vertretung im Heer; ganze Legionen waren christlich. Wenn sie zu den Opferzeremonien der heidnischen Landeskirche kommandiert wurden, um dort die Honneurs zu machen, trieben die Umstürzlersoldaten die Frechheit so weit, daß sie zum Protest besondere Abzeichen – Kreuze – an ihre Helme steckten. Selbst die üblichen Kasernenschurigeleien der Vorgesetzten waren fruchtlos. Der Kaiser Diokletian konnte nicht länger ruhig zusehen, wie Ordnung, Gehorsam und Zucht in seinem Heere untergraben wurden. Er griff energisch ein, weil es noch Zeit war. Er erließ ein Sozialisten-, wollte sagen Christengesetz. Die Versammlungen der Umstürzler wurden verboten, ihre Saallokalitäten geschlossen oder gar niedergerissen, die christlichen Abzeichen, Kreuze etc., wurden verboten wie in Sachsen die roten Schnupftücher. Die Christen wurden für unfähig erklärt, Staatsämter zu bekleiden, nicht einmal Gefreite sollten sie werden dürfen. Da man damals noch nicht über so gut auf das »Ansehen der Person« dressierte Richter verfügte, wie

Herrn von Köllers Umsturzvorlage sie voraussetzt, so verbot man den Christen kurzerhand, sich vor Gericht ihr Recht zu holen. Auch dies Ausnahmegesetz blieb wirkungslos. Die Christen rissen es zum Hohn von den Mauern herunter, ja sie sollen dem Kaiser in Nikomedien den Palast über dem Kopf angezündet haben. Da rächte sich dieser durch die große Christenverfolgung des Jahres 303 unserer Zeitrechnung. Sie war die letzte ihrer Art. Und sie war so wirksam, daß siebzehn Jahre später die Armee überwiegend aus Christen bestand, und der nächstfolgende Selbstherrscher des gesamten Römerreichs, Konstantin, von den Pfaffen genannt der Große, das Christentum proklamierte als Staatsreligion.

Einleitung zu »Klassenkämpfe in Frankreich« (22, 526f.)

Es ist an der Zeit, gegenüber der augenblicklichen Erschlaffung, die sich nach zwei Jahren des Kampfes fast überall zeigt, die ungefügen, aber kräftigen und zähen Gestalten des großen Bauernkriegs dem deutschen Volke wieder vorzuführen. Drei Jahrhunderte sind seitdem verflossen, und manches hat sich geändert; und doch steht der Bauernkrieg unsern heutigen Kämpfen so überaus fern nicht, und die zu bekämpfenden Gegner sind großenteils noch dieselben.

Der deutsche Bauernkrieg (7, 329)

Bei der Beurteilung von Ereignissen und Ereignisreihen aus der Tagesgeschichte wird man nie imstande sein, bis auf die *letzten* ökonomischen Ursachen zurückzugehn. ... Der klare Überblick über die ökonomische Geschichte einer gegebenen Periode ist nie gleichzeitig, ist nur nachträglich, nach erfolgter Sammlung und Sichtung des Stoffes, zu gewinnen. Die Statistik ist hier notwendiges Hülfsmittel, und sie hinkt immer nach.

Einleitung zu »Klassenkämpfe in Frankreich« (22, 509)

Die deutsche Arbeiterpartei erstrebt die Abschaffung der Lohnarbeit und damit der Klassenunterschiede vermittelst Durchführung der genossenschaftlichen Produktion in Industrie und Ackerbau auf nationalem Maßstab.

Brief an Bebel (19, 6)

Wir wissen jetzt, daß dies Reich der Vernunft weiter nichts war als das idealisierte Reich der Bourgeoisie; daß die ewige Gerechtigkeit ihre Verwirklichung fand in der Bourgeoisjustiz; daß die Gleichheit hinauslief auf die bürgerliche Gleichheit vor dem Gesetz; daß als eines der wesentlichsten Menschenrechte proklamiert wurde – das bürgerliche Eigentum; und daß der Vernunftstaat, der Rousseausche Gesellschaftsvertrag ins Leben trat und nur ins Leben treten konnte als bürgerliche, demokratische Republik. So wenig wie alle ihre Vorgänger konnten die großen Denker des 18. Jahrhunderts hinaus über die Schranken, die ihnen ihre eigne Epoche gesetzt hatte.

Die Entwicklung des Sozialismus von der Utopie zur Wissenschaft (19, 190)

Als nun die Französische Revolution diese Vernunftgesellschaft und diesen Vernunftstaat verwirklicht hatte, stellten sich daher die neuen Einrichtungen, so rationell sie auch waren gegenüber den früheren Zuständen, keineswegs als absolut vernünftige heraus. Der Vernunftstaat war vollständig in die Brüche gegangen. Der Rousseausche Gesellschaftsvertrag hatte seine Verwirklichung gefunden in der Schreckenszeit, aus der das an seiner eignen politischen Befähigung irre gewordne Bürgertum sich geflüchtet hatte zuerst in die Korruption des Direktoriums und schließlich unter den Schutz des napoleonischen Despotismus. Der verheißne ewige Friede war umgeschlagen in einen endlosen Eroberungskrieg. Die Vernunftgesellschaft war nicht besser gefahren. Der Gegensatz von reich und arm, statt sich aufzulösen in allgemeinen Wohlergehn, war verschärft worden durch die Beseitigung der ihn überbrückenden zünftigen und andren Privilegien und der ihn mildernden kirchlichen Wohltätigkeitsanstalten; die jetzt zur Wahrheit gewordne »Freiheit des Eigentums« von feudalen Fesseln stellte sich heraus, für den Kleinbürger und Kleinbauern, als die Freiheit, dies von der übermächtigen Konkurrenz des Großkapitals und des Großgrundbesitzes erdrückte kleine Eigentum an eben diese großen Herren zu verkaufen und so für den Kleinbürger und Kleinbauern sich zu verwandeln in die Freiheit vom Eigentum; der Aufschwung der Industrie auf kapitalistischer Grundlage erhob Armut und Elend der arbeitenden Massen zu einer Lebensbedingung der Gesellschaft. Die bare Zahlung wurde mehr und mehr, nach Carlyles Ausdruck, das einzige Bindeglied der Gesellschaft. Die Zahl der Verbrechen nahm zu von Jahr zu Jahr. Waren die früher am hellen Tage sich ungescheut ergehenden feudalen Laster zwar nicht vernichtet, so doch vorläufig in den Hintergrund gedrängt, so schossen dafür die, bisher nur in der Stille gehegten, bürgerlichen Laster um so üppiger in die Blüte. Der Handel entwickelte sich mehr und mehr zur Prellerei. Die »Brüderlichkeit« der revolutionären Devise verwirklichte sich in den Schikanen und dem Neid des Konkurrenzkampfs. An die Stelle der gewaltsamen Unterdrückung trat die Korruption, an die Stelle des Degens, als des ersten gesellschaftlichen Machthebels, das Geld. Das Recht der ersten Nacht ging über von den Feudalherren auf die bürgerlichen Fabrikanten. Die Prostitution breitete sich aus in bisher unerhörtem Maß. Die Ehe selbst blieb nach wie vor gesetzlich anerkannte Form, offizieller Deckmantel der Prostitution, und ergänzte sich zudem durch reichlichen Ehebruch. Kurzum, verglichen mit den prunkhaften Verheißungen der Aufklärer, erwiesen sich die durch den »Sieg der Vernunft« hergestellten gesellschaftlichen und politischen Einrichtungen als bitter enttäuschende Zerrbilder. Es fehlten nur noch die Leute, die diese Enttäuschung konstatierten, und diese kamen mit der Wende des Jahrhunderts.

Die Entwicklung des Sozialismus von der Utopie zur Wissenschaft (19, 192f.)

Die Nachrichten aus Deutschland sind sonst famos. In Nassau eine vollendete Revolution, in München die Studenten, Maler und Arbeiter in voller Insurrektion, in Kassel die Revolution vor der Tür, in Berlin grenzenlose Angst und Zaudern, in ganz Westdeutschland Preßfreiheit und Nationalgarde proklamiert; vorderhand ist das genug.

Brief an Marx, 8. März 1848

Unter Sozialisten verstand man 1847 zweierlei Art von Leuten. Einerseits die Anhänger der verschiedenen utopistischen Systeme, speziell die Owenisten in England und die Fourieristen in Frankreich, die beide schon damals zu bloßen, allmählich aussterbenden Sekten zusammengeschrumpft waren. Andrerseits die mannigfaltigsten sozialen Quacksalber, die mit ihren verschiedenen Allerweltheilmitteln und mit jeder Art von Flickarbeit die gesellschaftlichen Mißstände beseitigen wollten, ohne dem Kapital und dem Profit im geringsten wehe zu tun. In beiden Fällen: Leute, die außerhalb der Arbeiterbewegung standen und die vielmehr Unterstützung suchten bei den »gebildeten« Klassen.

Vorwort zum Manifest, 1890 (22, 58)

Daher traten wir [1848] auch dem demokratischen Kleinbürgertum überall entgegen, wo es seinen Klassengegensatz gegen das Proletariat vertuschen wollte mit der beliebten Phrase: Wir wollen ja alle dasselbe, alle Differenzen beruhen auf bloßen Mißverständnissen. Je weniger aber wir dem Kleinbürgertum erlaubten, unsere proletarische Demokratie mißzuverstehen, desto zahmer und gefügiger wurde es uns gegenüber. Je schärfer und entschiedener man ihm gegenübertritt, desto williger duckt es sich, desto mehr Konzessionen macht es der Arbeiterpartei. Das haben wir gesehen.

Marx und die »Neue Rheinische Zeitung« (21, 21)

Selbstverständlich verzichten unsere ausländischen Genossen nicht auf ihr Recht auf Revolution. Das Recht auf Revolution ist ja überhaupt das einzige *wirklich* »historische Recht«, das einzige, worauf alle modernen Staaten ohne Ausnahme beruhen, Mecklenburg eingeschlossen, dessen Adelsrevolution beendigt wurde 1755 durch den »Erbvergleich«, die noch heute gültige glorreiche Verbriefung des Feudalismus. Das Recht auf Revolution ist so sehr im allgemeinen Bewußtsein unumstößlich anerkannt, daß sogar der General von Boguslawski aus diesem Volksrecht allein das Recht auf den Staatsstreich ableitet, das er seinem Kaiser vindiziert.

Einleitung zu »Klassenkämpfe in Frankreich« (22, 524)

Ich wünsche, daß Kaiser Wilhelm lange lebe zum größten Wohle der deutschen Sozialisten.

Interview, »L'Éclair«, 1892 (22, 534)

Die Morgenröte einer neuen und besseren Gesellschaft steigt für die unterdrückten Klassen aller Länder leuchtend empor. Und überall schließen die Unterdrückten ihre Reihen; überall reichen sie sich über die Grenzen, über die verschiedenen Sprachen hinweg die Hand. Es formiert sich das Heer des internationalen Proletariats, und das nahende neue Jahrhundert wird es zum Siege führen!

Grußadresse an die Sozialisten Siziliens (22, 476f.)

Heißt das, daß in Zukunft der Straßenkampf keine Rolle mehr spielen wird? Durchaus nicht. Es heißt nur, daß die Bedingungen seit 1848 weit ungünstiger für die Zivilkämpfer, weit günstiger für das Militär geworden sind. Ein künftiger Straßenkampf kann also nur siegen, wenn diese Ungunst der Lage durch andere Momente aufgewogen wird.

Einleitung zu »Klassenkämpfe in Frankreich« (22, 522)

Haben sich die Bedingungen geändert für den Völkerkrieg, so nicht minder für den Klassenkampf. Die Zeit der Überrumpelungen, der von kleinen bewußten Minoritäten an der Spitze bewußtloser Massen durchgeführten Revolutionen ist vorbei. Wo es sich um eine vollständige Umgestaltung der gesellschaftlichen Organisation handelt, da müssen die Massen selbst mit dabei sein, selbst schon begriffen haben, worum es sich handelt, für was sie mit Leib und Leben eintreten. Das hat uns die Geschichte der letzten fünfzig Jahre gelehrt. Damit aber die Massen verstehen, was zu tun ist, dazu bedarf es langer, ausdauernder Arbeit, und diese Arbeit ist es gerade, die wir jetzt betreiben, und das mit einem Erfolg, der die Gegner zur Verzweiflung bringt.

Einleitung zu »Klassenkämpfe in Frankreich« (22, 522f.)

Das *Lumpenproletariat,* dieser Abhub der verkommenen Subjekte aller Klassen, der sein Hauptquartier in den großen Städten aufschlägt, ist von allen möglichen Bundesgenossen der schlimmste. Dies Gesindel ist absolut käuflich und absolut zudringlich. Wenn die französischen Arbeiter bei jeder Revolution an die Häuser schrieben: Mort aux voleurs! Tod den Dieben! und auch manche erschossen, so geschah das nicht aus Begeisterung für das Eigentum, sondern in der richtigen Erkenntnis, daß man vor allem sich diese Bande vom Hals halten müsse. Jeder Arbeiterführer, der diese Lumpen als Garde verwendet oder sich auf sie stützt, beweist sich schon dadurch als Verräter an der Bewegung.

Der deutsche Bauernkrieg – Vorbemerkung (7, 536)

Die Totengräber der Revolution von 1848 waren ihre Testamentsvollstrecker geworden. Und neben ihnen erhob sich schon drohend der Erbe von 1848, das Proletariat, in der *Internationale.*

Einleitung zu »Klassenkämpfe in Frankreich« (22, 516)

Vor einem Menschenalter war Deutschland ein ackerbauendes Land mit einer zu zwei Dritteln ländlichen Bevölkerung; heute ist es ein Industrieland ersten Ranges, und den ganzen Rhein entlang, von der holländischen bis zur Schweizer Grenze, habe ich nicht ein einziges Fleckchen gefunden, wo man um sich schauen kann, ohne Dampfschlote zu sehen. Das scheint allerdings zunächst nur die Kapitalisten anzugehen. Aber die Kapitalisten, indem sie die Industrie steigern, schaffen nicht nur Mehrwert, sie schaffen auch Proletarier, sie zerstören die kleinbürgerlichen und kleinbäuerlichen Mittelstände, sie treiben den Klassengegensatz zwischen Bourgeoisie und Proletariat auf die Spitze, und wer Proletarier schafft, der schafft auch Sozialdemokraten.

Rede auf einer sozialdemokratischen Versammlung in Berlin (22, 413)

Die Regierung und die herrschenden Klassen hatten alle ihre Mittel erschöpft – nutzlos, zwecklos, erfolglos. Die handgreiflichen Beweise ihrer Ohnmacht, die die Behörden, vom Nachtwächter bis zum Reichskanzler, hatten einstecken müssen – und das von den verachteten Arbeitern! –, diese Beweise zählten nach Millionen. Der Staat war am Ende seines Lateins, die Arbeiter erst am Anfang des ihrigen.

Einleitung zu »Klassenkämpfe in Frankreich« (22, 518)

Man muß den deutschen Arbeitern nachsagen, daß sie die Vorteile ihrer Lage mit seltnem Verständnis ausgebeutet haben. Zum erstenmal, seit eine Arbeiterbewegung besteht, wird der Kampf nach seinen drei Seiten hin – nach der theoretischen, der politischen und der praktisch-ökonomischen (Widerstand gegen die Kapitalisten) – im Einklang und Zusammenhang und planmäßig geführt. In diesem sozusagen konzentrischen Angriffe liegt gerade die Stärke und Unbesiegbarkeit der deutschen Bewegung.

Der deutsche Bauernkrieg (18, 516f.)

Fourier nimmt die Bourgeoisie, ihre begeisterten Propheten von vor und ihre interessierten Lobhudler von nach der Revolution beim Wort. Er deckt die materielle und moralische Misere der bürgerlichen Welt unbarmherzig auf; er hält daneben sowohl die gleißenden Versprechungen der frühern Aufklärer von der Gesellschaft, in der nur die Vernunft herrschen werde, von der alles beglückenden Zivilisation, von der grenzenlosen menschlichen Vervollkommnungsfähigkeit, wie auch die schönfärbenden Redensarten der gleichzeitigen Bourgeois-Ideologen; er weist nach, wie der hochtönendsten Phrase überall die erbärmlichste Wirklichkeit entspricht, und überschüttet dies rettungslose Fiasko der Phrase mit beißendem Spott. Fourier ist nicht nur Kritiker, seine ewig heitre Natur macht ihn zum Satiriker, und zwar zu einem der größten Satiriker aller Zeiten. Die mit dem Niedergang der Revolution emporblühende Schwindelspekulation ebenso wie die allgemeine Krämerhaftigkeit des damaligen französischen Handels schildert er ebenso meisterhaft wie ergötzlich. Noch meisterhafter ist seine Kritik der bürgerlichen Gestaltung der Geschlechtsverhältnisse und der Stellung des Weibes in der bürgerlichen Gesellschaft. Er spricht es zuerst aus, daß in einer gegebnen Gesellschaft der Grad der weiblichen Emanzipation das natürliche Maß der allgemeinen Emanzipation ist.

Die Entwicklung des Sozialismus von der Utopie zur Wissenschaft (19, 196)

Wir haben unsere Leute in den Gefängnissen von Sibirien, wir haben sie in den Goldminen von Kalifornien, überall, bis nach Australien hin. Es gibt kein Land, keinen großen Staat, wo nicht die Sozialdemokratie eine Macht ist, mit der alle rechnen müssen. Alles, was geschieht in der ganzen Welt, geschieht mit Rücksicht auf uns. Wir sind eine Großmacht, die zu fürchten ist, von der mehr abhängt als von den anderen Großmächten. Das ist mein Stolz! Wir haben nicht umsonst gelebt und können auf unsere Arbeiten mit Stolz und Zufriedenheit zurückblicken. Man hat in Deutschland die Bewegung gewaltsam ersticken wollen, und jedesmal hat die Sozialdemokratie geantwortet, wie es die Bourgeoisie nicht erwartet hat.

Rede auf einer sozialdemokratischen Versammlung in Wien (22, 410)

Mögen sie indes ihre Umsturzvorlagen durchsetzen, sie noch verschlimmern, das ganze Strafgesetz in Kautschuk verwandeln, sie werden nichts erreichen als den neuen Beweis ihrer Ohnmacht. Um der Sozialdemokratie ernstlich auf den Leib zu rücken, werden sie noch ganz andere Maßregeln ergreifen müssen. Dem sozialdemokratischen Umsturz, dem es gerade jetzt so gut bekommt, daß er die Gesetze hält, können sie nur beikommen durch den ordnungsparteilichen Umsturz, der nicht leben kann, ohne daß er die Gesetze bricht. [...] Bruch der Verfassung, Diktatur, Rückkehr zum Absolutismus, regis voluntas suprema lex! [Des Königs Wille ist oberstes Gesetz!] Also nur Mut, meine Herren, hier hilft kein Maulspitzen, hier muß gepfiffen sein!

Einleitung zu »Klassenkämpfe in Frankreich« (22, 525f.)

Wenn auch die anarchistische Karikatur der Arbeiterbewegung längst ihren Höhepunkt überschritten hat, so sind doch die Regierungen in Europa und Amerika viel zu sehr bei ihrem Fortleben interessiert und lassen sich ihre Unterstützung viel zuviel Geld kosten, als daß wir jede Rücksichtnahme auf die anarchistischen Heldentaten beiseite lassen könnten.

Vorwort zu »Internationales aus dem ›Volksstaat‹« (22, 416)

Selbst in der klassischen Zeit der Straßenkämpfe wirkte also die Barrikade mehr moralisch als materiell. Sie war ein Mittel, die Festigkeit des Militärs zu erschüttern. Hielt sie vor, bis dies gelang, so war der Sieg erreicht; wo nicht, war man geschlagen.

Einleitung zu »Klassenkämpfe in Frankreich« (22, 521)

Es war die Zeit, wo die Wut der Reaktion, die sich am Blute der glorreichen Kommune berauscht hatte, aufs höchste gestiegen war. Die Fortführung der alten Internationale hätte nur zu Opfern geführt, die ohne Verhältnis zu den Wirkungen standen; sie verlegte ihren Sitz nach Amerika, d.h. sie zog sich vom Schauplatz zurück. Dem Proletariat der einzelnen Länder blieb es überlassen, sich in eigener Form zu organisieren. Das ist geschehen, und nun ist die Internationale viel stärker als zuvor. In diesem Sinne müssen wir fortfahren, auf gemeinsamem Boden zu arbeiten. Wir müssen die Diskussion zulassen, um nicht zur Sekte zu werden, aber der gemeinsame Standpunkt muß gewahrt bleiben. Die lose Verbindung, der freiwillige Zusammenhalt, der durch Kongresse unterstützt wird, er ist hinreichend, um uns den Sieg zu verschaffen, den keine Macht der Welt uns mehr entreißen kann.

Schlußrede auf dem Internationalen Sozialistischen Arbeiterkongreß in Zürich (22, 409)

Die ausschließlich und lebenslänglich auf den Arbeitslohn angewiesene Klasse bildet noch immer bei weitem nicht die Mehrzahl des deutschen Volkes. Sie ist also auch auf Bundesgenossen angewiesen. Und diese können nur gesucht werden unter den Kleinbürgern, unter dem Lumpenproletariat der Städte, unter den kleinen Bauern und den Ackerbautaglöhnern.

Der deutsche Bauernkrieg – Vorbemerkung (7, 535)

Die *kleinen Bauern* – denn die größeren gehören zur Bourgeoisie – sind verschiedener Art. Entweder sind sie *Feudalbauern* und haben dem gnädigen Herrn noch Frondienste zu leisten. Nachdem die Bourgeoisie versäumt hat, was ihre Schuldigkeit war, diese Leute von der Fronknechtschaft zu erlösen, wird es nicht schwer sein, sie zu überzeugen, daß sie nur noch von der Arbeiterklasse Erlösung zu erwarten haben.

Der deutsche Bauernkrieg – Vorbemerkung (7, 536)

Jawohl, die einzige Möglichkeit, diese Prosperität der Industrie irgendwie aufrechtzuerhalten, von der heute geradezu der Bestand des Empire abhängt, besteht unter dem gegenwärtigen System darin, jedes Jahr mit weniger Kosten mehr zu produzieren. Und wie kann man mit weniger Kosten mehr produzieren? Erstens dadurch, daß man die Produktionsinstrumente – die

Maschine und den Arbeiter – jedes Jahr mehr als im vorhergegangenen arbeiten läßt; zweitens dadurch, daß man an die Stelle der bisher üblichen Produktionsmethode eine neue und vollkommenere setzt, d. h. Arbeiter durch verbesserte Maschinerie ersetzt, und drittens dadurch, daß man die Kosten des Arbeiters durch Verringerung seiner Unterhaltskosten (Freihandel mit Getreide usw.) herabsetzt oder einfach seinen Lohn auf das niedrigstmögliche Niveau herunterdrückt. Folglich ist der Arbeiter in allen Fällen der Verlierer – folglich kann England nur durch den Ruin seiner Arbeiterbevölkerung erhalten werden! So ist die Lage – das sind die Unvermeidlichkeiten, zu denen der Fortschritt der Maschinerie, die Akkumulation des Kapitals und demzufolge die Konkurrenz im In- und Auslande England getrieben haben.

Die Zehnstundenfrage (7, 228)

Sozialismus und Kommunismus

Die Gesellschaft kann sich selbstredend nicht befreien, ohne daß jeder Einzelne befreit wird. Die alte Produktionsweise muß also von Grund aus umgewälzt werden, und namentlich muß die alte Teilung der Arbeit verschwinden.

Anti-Dühring (20, 273)

Der ... Denkweise der gelehrten Klassen muß es allerdings als eine Ungeheuerlichkeit erscheinen, daß es einmal keine Karrenschieber und keine Architekten von Beruf mehr geben soll und daß der Mann, der eine halbe Stunde lang als Architekt Anweisungen gegeben hat, auch eine Zeitlang die Karre schiebt, bis seine Tätigkeit als Architekt wieder in Anspruch genommen wird. Ein schöner Sozialismus, der die Karrenschieber von Beruf verewigt!

Anti-Dühring (20, 186)

Die Aufgabe des Sozialismus ... ist vielmehr nur die Übertragung der Produktionsmittel an die Produzenten als Gemeinbesitz. ... Der Sozialismus richtet sich ganz speziell gegen die Ausbeutung der Lohnarbeit.

Die Bauernfrage in Frankreich und Deutschland (22, 493)

Erst die durch die große Industrie erreichte ungeheure Steigerung der Produktivkräfte erlaubt, die Arbeit auf alle Gesellschaftsmitglieder ohne Ausnahme zu verteilen und dadurch die Arbeitszeit eines jeden so zu beschränken, daß für alle hinreichend freie Zeit bleibt, um sich an den allgemeinen Angelegenheiten der Gesellschaft – theoretischen wie praktischen – zu beteiligen. Erst jetzt also ist jede herrschende und ausbeutende Klasse überflüssig, ja ein Hindernis der gesellschaftlichen Entwicklung geworden.

Anti-Dühring (20, 169)

Und daß wir beim Übergang in die volle kommunistische Wirtschaft den genossenschaftlichen Betrieb als Mittelstufe in ausgedehntem Maß werden anwenden müssen, daran haben Marx und ich nie gezweifelt. Nur muß die Sache so eingerichtet werden, daß die Gesellschaft ... das Eigentum an den Produktionsmitteln behält und so die Sonderinteressen der Genossenschaft, gegenüber der Gesellschaft im Ganzen, sich nicht festsetzen können.

Brief an Bebel (36, 426)

Die Vorstellung einer sozialistischen Gesellschaft als des Reiches der Gleichheit ist eine einseitige französische Vorstellung, anlehnend an das alte ‚Freiheit, Gleichheit,

Brüderlichkeit', eine Vorstellung, ... die aber, wie alle die Einseitigkeiten der früheren sozialistischen Schulen, jetzt überwunden sein sollten, da sie nur Verwirrung in den Köpfen anrichten.

Brief an A. Bebel (34, 129)

Und Kommunismus hieß nun nicht mehr: Ausheckung vermittelst der Phantasie, eines möglichst vollkommenen Gesellschaftsideals, sondern: Einsicht in die Natur, die Bedingungen und die daraus sich ergebenden allgemeinen Ziele des vom Proletariat geführten Kampfes.

Bund der Kommunisten (8, 582)

Warum begnügen sich die Antiautoritarier nicht damit, gegen die politische Autorität, den Staat, zu wettern? Alle Sozialisten sind einer Meinung darüber, daß der politische Staat und mit ihm die politische Autorität im Gefolge der nächsten sozialen Revolution verschwinden werden, und das bedeutet, daß die öffentlichen Funktionen ihren politischen Charakter verlieren und sich in einfache administrative Funktionen verwandeln werden, die die wahren sozialen Interessen hüten.

Von der Autorität (18, 308)

Wir sind auch aus Egoismus Kommunisten, aus Egoismus *Menschen* sein zu wollen, nicht bloße Individuen.

Brief an Marx, Nr. 2, 19. November 1844

Unsere Ideen verbreiten sich überall, unter den Professoren, den Ärzten, den Rechtsanwälten etc. ebenso wie unter den Arbeitern. Wenn wir morgen die Leitung der Staatsgeschicke in die Hand nehmen müßten, brauchten wir Ingenieure, Chemiker und Agronomen. Nun, ich bin überzeugt, daß bereits eine ganze Anzahl von ihnen auf unserer Seite steht. In fünf oder zehn Jahren werden wir ihrer mehr haben, als wir benötigen.

Interview, »Le Figaro« (22, 542f.)

Sozialismus bedeutete 1847 eine Bourgeoisbewegung, Kommunismus eine Arbeiterbewegung. Der Sozialismus war, auf dem Kontinent wenigstens, salonfähig, der Kommunismus war das grade Gegenteil. Und da wir schon damals sehr entschieden der Ansicht waren, daß »die Emanzipation der Arbeiter das Werk der Arbeiterklasse selbst sein muß«, so konnten wir keinen Augenblick im Zweifel sein, welchen der beiden Namen zu wählen. Auch seitdem ist es uns nie eingefallen, ihn zurückzuweisen.

Vorwort zum Manifest, 1890 (22, 58)

Der bisherige Sozialismus kritisierte zwar die bestehende kapitalistische Produktionsweise und ihre Folgen, konnte sie aber nicht erklären, also auch nicht mit ihr fertig werden; er konnte sie nur einfach als schlecht verwerfen. Je heftiger er gegen die von ihr unzertrennliche Ausbeutung der Arbeiterklasse eiferte, desto weniger war er imstand, deutlich anzugeben, worin diese Ausbeutung bestehe und wie sie entstehe.

Die Entwicklung des Sozialismus von der Utopie zur Wissenschaft (19, 208f.)

Der moderne Sozialismus ist seinem Inhalte nach zunächst das Erzeugnis der Anschauung, einerseits der in der heutigen Gesellschaft herrschenden Klassengegensätze von Besitzenden und Besitzlosen, Kapitalisten und Lohnarbeitern, andrerseits der in der Produktion herrschenden Anarchie. Aber seiner theoretischen Form nach erscheint er anfänglich als eine weitergetriebne, angeblich konsequentere Fortführung der von den großen französischen Aufklärern des 18. Jahrhunderts aufgestellten Grundsätze. Wie jede neue Theorie mußte er zunächst anknüpfen an das vorgefundne Gedankenmaterial, sosehr auch seine Wurzel in den materiellen ökonomischen Tatsachen lag.

Die Entwicklung des Sozialismus von der Utopie zur Wissenschaft (19, 189)

Erst die große Industrie entwickelt einerseits die Konflikte, die eine Umwälzung der Produktionsweise, eine Beseitigung ihres kapitalistischen Charakters, zur zwingenden Notwendigkeit erheben.

Die Entwicklung des Sozialismus von der Utopie zur Wissenschaft (19, 193)

Es wird nachgerade Zeit, daß wenigstens die deutschen Arbeiter sich gewöhnen, von Dingen, die sie täglich oder nächtlich selbst treiben, von natürlichen, unentbehrlichen und äußerst vergnüglichen Dingen ebenso unbefangen zu sprechen wie die romanischen Völker, wie Homer und Plato, wie Horaz und Juvenal, wie das Alte Testament und die »Neue Rheinische Zeitung«.

Georg Weerth, 1883 (21, 8)

Der Sozialismus ist ihnen allen [den utopischen Sozialisten] der Ausdruck der absoluten Wahrheit, Vernunft und Gerechtigkeit und braucht nur entdeckt zu werden, um durch eigne Kraft die Welt zu erobern; da die absolute Wahrheit unabhängig ist von Zeit, Raum und menschlicher geschichtlicher Entwicklung, so ist es bloßer Zufall, wann und wo sie entdeckt wird. Dabei ist dann die absolute Wahrheit, Vernunft und Gerechtigkeit wieder bei jedem Schulstifter verschieden; und da bei jedem die besondre Art der absoluten Wahrheit, Vernunft und Gerechtigkeit wieder bedingt ist durch seinen subjektiven Verstand, seine Lebensbedingungen, sein Maß von Kenntnissen und Denkschulung, so ist in diesem Konflikt absoluter Wahrheiten keine andre Lösung möglich, als daß sie sich aneinander abschleißen. Dabei konnte dann nichts andres herauskommen als eine Art von eklektischem Durchschnitts-Sozialismus, wie er in der Tat bis heute in den Köpfen der meisten sozialistischen Arbeiter in Frankreich und England herrscht, eine äußerst mannigfaltige Schattierungen zulassende Mischung aus den weniger Anstoß erregenden kritischen Auslassungen, ökonomischen Lehrsätzen und gesellschaftlichen Zukunftsvorstellungen der verschiednen Sektenstifter, eine Mischung, die sich um so leichter bewerkstelligt, je mehr den einzelnen Bestandteilen im Strom der Debatte die scharfen Ecken der Bestimmtheit abgeschliffen sind wie runden Kieseln im Bach. Um aus dem Sozialismus eine Wissenschaft zu machen, mußte er erst auf einen realen Boden gestellt werden.

Die Entwicklung des Sozialismus von der Utopie zur Wissenschaft (19, 200f.)

Die Anarchisten stellen die Sache auf den Kopf. Sie erklären, die proletarische Revolution müsse damit anfangen, daß sie die politische Organisation des Staates abschafft. Aber die einzige Organisation, die das Proletariat nach seinem Siege fertig vorfindet, ist eben der

Staat. Dieser Staat mag sehr bedeutender Änderungen bedürfen, ehe er seine neuen Funktionen erfüllen kann.
Aber ihn in einem solchen Augenblick zerstören, das hieße, den einzigen Organismus zerstören, vermittelst dessen das siegende Proletariat seine eben eroberte Macht geltend machen, seine kapitalistischen Gegner niederhalten und diejenige ökonomische Revolution der Gesellschaft durchsetzen kann, ohne die der ganze Sieg enden müßte in einer neuen Niederlage und in einer Massenabschlachtung der Arbeiter, ähnlich derjenigen nach der Pariser Kommune.

Zum Tode von Karl Marx (19, 344f.)

Dem unreifen Stand der kapitalistischen Produktion, der unreifen Klassenlage, entsprachen unreife Theorien. Die Lösung der gesellschaftlichen Aufgaben, die in den unentwickelten ökonomischen Verhältnissen noch verborgen lag, sollte aus dem Kopfe erzeugt werden. Die Gesellschaft bot nur Mißstände; diese zu beseitigen war Aufgabe der denkenden Vernunft. Es handelte sich darum, ein neues, vollkommneres System der gesellschaftlichen Ordnung zu erfinden und dies der Gesellschaft von außen her, durch Propaganda, womöglich durch das Beispiel von Musterexperimenten aufzuoktroyieren. Diese neuen sozialen Systeme waren von vornherein zur Utopie verdammt; je weiter sie in ihren Einzelheiten ausgearbeitet wurden, desto mehr mußten sie in reine Phantasterei verlaufen.

Die Entwicklung des Sozialismus von der Utopie zur Wissenschaft (19, 193f.)

Die Lehren der bürgerlichen Ökonomie von der Identität der Interessen von Kapital und Arbeit, von der allgemeinen Harmonie und dem allgemeinen Volkswohlstand als Folge der freien Konkurrenz wurden immer schlagender von den Tatsachen Lügen gestraft.

Die Entwicklung des Sozialismus von der Utopie zur Wissenschaft (19, 207f.)

Nehmen wir einmal an, eine soziale Revolution habe die Kapitalisten entthront, deren Autorität heutzutage die Produktion und die Zirkulation der Reichtümer lenkt. Nehmen wir, um uns ganz auf den Standpunkt der Antiautoritarier zu stellen, weiter an, der Grund und Boden und die Arbeitsinstrumente seien zum kollektiven Eigentum der Arbeiter geworden, die sich ihrer bedienen. Wird die Autorität dann verschwunden sein oder wird sie nur die Form gewechselt haben?

Von der Autorität (18, 306)

Es ist folglich absurd, vom Prinzip der Autorität als von einem absolut schlechten und vom Prinzip der Autonomie als einem absolut guten Prinzip zu reden.

Autorität und Autonomie sind relative Dinge, deren Anwendungsbereiche in den verschiedenen Phasen der sozialen Entwicklung variieren. Wenn die Autonomisten sich damit begnügten, zu sagen, daß die soziale Organisation der Zukunft die Autorität einzig und allein auf jene Grenzen beschränken wird, in denen die Produktionsbedingungen sie unvermeidlich machen, so könnte man sich verständigen; sie sind indessen blind für alle Tatsachen, die die Sache notwendig machen, und stürzen sich auf das Wort.

Von der Autorität (18, 307f.)

Wir haben in den fortgeschrittensten Industrieländern die Naturkräfte gebändigt und in den Dienst der Menschen gepreßt; wir haben damit die Produktion ins unendliche vervielfacht, so daß ein Kind jetzt mehr erzeugt als früher hundert Erwachsene. Und was ist die Folge? Steigende Überarbeit und steigendes Elend der Massen und alle zehn Jahre ein großer Krach. Darwin wußte nicht, welch bittre Satire er auf die Menschen und besonders auf seine Landsleute schrieb, als er nachwies, daß die freie Konkurrenz, der Kampf ums Dasein, den die Ökonomen als höchste geschichtliche Errungenschaft feiern, der Normalzustand des Tierreichs ist. Erst eine bewußte Organisation der gesellschaftlichen Produktion, in der planmäßig produziert und verteilt wird, kann die Menschen ebenso in gesellschaftlicher Beziehung aus der übrigen Tierwelt herausheben, wie dies die Produktion überhaupt für die Menschen in spezifischer Beziehung getan hat. Die geschichtliche Entwicklung macht eine solche Organisation täglich unumgänglicher, aber auch täglich möglicher.

Dialektik der Natur – Einleitung (20, 323f.)

Wir haben kein Endziel. Wir sind *Evolutionisten*, wir haben nicht die Absicht, der Menschheit endgültige Gesetze zu diktieren. Vorgefaßte Meinungen in bezug auf die Organisation der zukünftigen Gesellschaft im einzelnen? Davon werden Sie bei uns keine Spur finden. Wir sind schon zufrieden, wenn wir die Produktionsmittel in die Hände der ganzen Gesellschaft gebracht haben, und wir wissen wohl, daß das bei der gegenwärtigen monarchistischen und föderativen Regierung ein Ding der Unmöglichkeit ist.

Interview, »Le Figaro« (22, 542)